UM NOVO JEITO DE
ENSINAR E
INFLUENCIAR
PESSOAS

caro(a) leitor(a),

Queremos saber sua opinião sobre nossos livros.
Após a leitura, siga-nos no **linkedin.com/company/editora-gente**, no TikTok **@editoragente** e no Instagram **@editoragente** e visite-nos no site **www.editoragente.com.br**. Cadastre-se e contribua com sugestões, críticas ou elogios.

ARIOVALDO SILVA JR., PhD

UM NOVO JEITO DE ENSINAR E INFLUENCIAR PESSOAS

Alavanque sua carreira com uma metodologia de comunicação poderosa baseada na neurociência

Diretora
Rosely Boschini

Gerente Editorial
Rosângela de Araujo Pinheiro Barbosa

Editora
Audrya de Oliveira

Assistente Editorial
Mariá Moritz Tomazoni

Produção Gráfica
Fábio Esteves

Edição de texto
Gleice Couto

Preparação
Malvina Tomaz

Capa e ilustrações
Plinio Ricca

Projeto gráfico e diagramação
Gisele Baptista de Oliveira

Revisão
Thiago Fraga
Wélida Muniz

Impressão
Assahi

Dados Internacionais de Catalogação na Publicação (CIP)
Angélica Ilacqua CRB-8/7057

Silva Jr., Ariovaldo Alberto
    Um novo jeito de ensinar e influenciar pessoas: alavanque
sua carreira com uma metodologia de comunicação poderosa
baseada na neurociência / Ariovaldo Alberto Silva Jr. - São Paulo:
Gente Autoridade, 2023.
    192 p.

ISBN 978-65-88523-73-5

1. Desenvolvimento pessoal 2. Desenvolvimento profissional 3.
Comunicação I. Título

23-3063

Índice para catálogo sistemático:
1. Desenvolvimento pessoal

nota da
Publisher

Saber se comunicar de forma eficaz é hoje uma habilidade fundamental para o sucesso pessoal e profissional. E, na era da conectividade. precisamos transmitir ideais com clareza não só cara a cara, mas também em diferentes plataformas digitais. Assim, aqueles que dominam a arte da comunicação ganham vantagem competitiva, pois são capazes de construir relacionamentos sólidos, influenciar positivamente as pessoas ao redor e se adaptar às mudanças rápidas e constantes do mundo atual.

É comum se dedicar demais às habilidades técnicas e não focar as chamadas soft skills, como liderança, comunicação e empatia, mas, assim como Ariovaldo, grande médico-neurologista e professor que atua há anos na área de ensino e aprendizagem, acredito que as soft skills de soft não têm nada, e logo serão vistas como habilidades primordiais para qualquer profissional, em vez de algo "a mais".

Com uma abordagem embasada na compreensão profunda do cérebro humano, Ariovaldo nos conduz por um caminho de aprimoramento das habilidades comunicativas, criando uma leitura indispensável para todos que desejam se tornar comunicadores poderosos e influentes. A maneira como nos expressamos e transmitimos informações faz, sim, a diferença no dia a dia, então não perca a oportunidade de aprender com um verdadeiro especialista para elevar seu desempenho profissional a um novo patamar, seja qual for a sua área.

Boa leitura!

Rosely Boschini
CEO e Publisher da Editora Gente

A todas as pessoas que fizeram
ou fazem parte do time da Synapse.
Foi a dedicação e a entrega de vocês
que permitiram a criação desta obra.
Sintam-se nela representados.

Agradecimentos

Começo agradecendo a todos os meus antepassados, com suas histórias de luta e superação. Graças a eles pude chegar até aqui. Da minha mãe, Lourdes, veio a coragem de me expor e a busca por excelência. Do meu pai, Ariovaldo, a valorização do intelecto e das vivências como sendo os bens maiores de um ser humano. Dos meus irmãos, Rafael e Camille, a camaradagem e a admiração.

Sempre segui a estratégia de "subir no ombro de gigantes", e no meu caminho tive vários mestres e mentores. Quero aqui fazer um agradecimento especial a alguns deles. Luís Henrique Trindade, com quem aprendi a arte da comunicação no tablado de cursinho pré-vestibular. Ao neurologista, dr. Abouch Valenty Krymchantowski, com quem desenvolvi traquejo e impacto em apresentações, de modo a transmitir conceitos complexos de forma clara e objetiva. Ao dr. Rodrigo Santiago, verdadeira referência de caráter e da importância do cuidado ao lidar com pessoas. Ao professor Antônio Lúcio Teixeira, que com sua prodigalidade me trouxe para um outro patamar profissional, como neurocientista e como educador.

Aos professores Cássio Ibiapina e Alexandre Moura, que me introduziram ao universo das metodologias inovadoras de ensino-aprendizagem. Isso foi decisivo para que mais tarde, em 2010, eu realizasse nosso primeiro Speaker Training, um treinamento para treinadores, e que logo na estreia foi destaque global na estratégia *peer to peer*, uma forma de aprendizagem entre pares em que as pessoas ensinam e influenciam umas às outras. O sucesso na implementação dos primeiros eventos em que palestrantes de todo Brasil replicaram nossa metodologia se deve ao compromisso e ao rigor do parceiro e entusiasta Giulliano Anoardo no desafio de conduzir de forma pioneira um programa de educação que promovesse aprendizagem profunda e mudança de comportamento.

Por fim, ao professor Stefano Puntoni, meu orientador na Rotterdam School of Management (RSM) no ano em que passei na Holanda estudando neuromarketing, mais especificamente como a influência social pode aumentar a aquisição de conhecimento. A acolhida tão calorosa da nossa família pela dele tornou aqueles doze meses um dos melhores momentos de nossas vidas.

Finalizo agradecendo a meus filhos, Pedro e Pablo. Sei que furtei vocês de momentos de convívio para me dedicar à Synapse. Recebam esta obra como fruto dessa dedicação e vejam que todo esforço não foi em vão, nasce aqui o primeiro volume de uma trilogia que ambiciona deixar um legado que de algum modo vocês fazem parte.

Obrigado Cláudia, esposa, crítica, parceira e alicerce da minha vida. Tu és fonte inspiradora que nunca cessa! Veja que o sonho que sonhamos juntos por todos estes anos tornou-se realidade.

Sumário

Prefácio

É com muita honra que recebo esta tarefa de prefaciar o livro *Um novo jeito de ensinar e influenciar pessoas,* que, de forma concisa, apresenta um conteúdo inédito no Brasil. E o grande diferencial está, sobretudo, na possibilidade do leitor se aprofundar de maneira consistente na comunicação de pequenos grupos. Essa arte, que se enquadra nas chamadas *Soft skills*, por muito tempo esteve associada a um dom natural , a um conhecimento impossível de transmitir, não importava os métodos de ensino empregados. À medida que os capítulos evoluem de maneira brilhante, vamos nos aprofundando no tema, com orientações práticas de como fazer.

Em toda sua trajetória, o professor Ariovaldo mostra ser essa pessoa inovadora, inquieta e disruptiva, que cresceu e se formou em Barbacena (MG), fez carreira como neurologista na área de cefaliatria, chegando a ser referência em Belo Horizonte e no Brasil. Na capital mineira, foi considerado um dos médicos mais queridos da cidade, é Doutor em Neurociências pela Universidade Federal de Minas Gerais (UFMG). Hoje, se dedica exclusivamente ao treinamento de pessoas, é CEO da Synapse Consultoria e, neste momento, presenteia os leitores com essa obra inédita e tão relevante.

O leitor terá a oportunidade de conhecer um pouco das técnicas para se expressar com clareza e convicção em diferentes cenários. O livro é extremamente detalhado, com conteúdo cuidadosamente apresentado ao longo dos capítulos. No tocante às técnicas avançadas de moderação, preenche uma lacuna na literatura sobre o tema. A didática envolvente, uma das características do autor, tem embasamento científico, consistência e raízes sólidas na neurociência.

Este livro mostra que a comunicação não é uma habilidade nata, mas que pode ser desenvolvida.

Dentro dessa perspectiva, convido você leitor a embarcar nesta leitura que pode ser transformadora em sua vida. Ao final da obra, você será capaz de falar com eficácia, de maneira clara e objetiva. O que é parte essencial da educação de um indivíduo, seja qual for a área de atuação. Acredito que esse livro vai contribuir como uma fonte segura de conhecimento aprofundado.

PROF. CÁSSIO IBIAPINA, PHD.

Introdução

Mude vidas (inclusive a sua) com uma boa comunicação

Nunca imaginei que, depois de muitos anos de dedicação para me tornar neurologista e atingir o ápice da carreira como especialista em dor de cabeça, eu deixaria a medicina para criar uma metodologia de ensino-aprendizagem inovadora que seria reconhecida e validada pelo mercado e pelo meio acadêmico. Conseguimos conectar aprendizagem ativa com influência social, o que hoje é a base da Synapse, empresa considerada referência global em consultoria educacional e neuromarketing, como já tive a oportunidade de contar no TEDx Talks.[1]

Tudo começou em uma cidade do interior de Minas Gerais, Barbacena, para onde meus pais se mudaram quando eu tinha 1 ano. Quando adolescente, aos 16 anos, eu dava aulas particulares para vizinhos e amigos, sem perceber que eu já estava empreendendo. Cobrava o valor de uma cerveja pela hora da aula. Na época, para um adolescente, a referência monetária mais fácil era o custo de uma cerveja.

Mesmo depois de ingressar no curso de medicina na cidade, continuei dando aulas. Primeiro para alunos do Ensino Médio, em escolas públicas e privadas. Em seguida, me tornei professor de cursinho preparatório para vestibular, no qual acabei desenvolvendo uma das habilidades de comunicação fundamental para minha trajetória profissional: prender a atenção das pessoas e possibilitar que o aprendizado ocorresse de maneira gostosa. Fui movido por desejar, profundamente, fazer algo diferente das aulas expositivas tradicionais que, para mim, representavam uma verdadeira tortura nos tempos de escola. Quando me formei médico, me mudei para Belo Horizonte, onde fiz especialização em neurologia na Santa Casa de Misericórdia, e fiquei sem dar aulas por dois anos, dedicando-me exclusivamente ao trabalho assistencial.

Contudo, a vocação para educador falou mais alto de novo. Fui a um congresso médico e, ao assistir a uma palestra de um grande neurologista, fiquei encantado. Nos dois anos seguintes, lutei para que ele me aceitasse como aprendiz em um Centro de Referência da Universidade Federal do Rio de Janeiro (UFRJ). Isso mudou minha vida. Eu me desenvolvi tecnicamente, mas também adquiri traquejo e, sobretudo, forjei-me como comunicador. Segui essa trajetória e ingressei no mestrado da Universidade Federal Fluminense (UFF) e, na sequência, no doutorado em neurociências na Universidade Federal de Minas Gerais (UFMG). Nesta universidade, trabalhei como voluntário durante dez

---

1 SILVA JUNIOR, Ariovaldo Alberto da. Método Synapse Based Learning (SBL) - TEDxUFOP. *TED Ideas worth spreading*, 2018. Disponível em: https://www.ted.com/talks/ariovaldo_alberto_da_silva_junior_metodo_synapse_based_learning_sbl?language=pt-br. Acesso em: 26 maio 2023.

FUI MOVIDO POR DESEJAR, PROFUNDAMENTE, FAZER ALGO DIFERENTE DAS AULAS EXPOSITIVAS TRADICIONAIS QUE, PARA MIM, REPRESENTAVAM UMA VERDADEIRA TORTURA NOS TEMPOS DE ESCOLA.

anos em um Centro de Referência em Cefaleia. Isso possibilitou que eu fosse convidado como palestrante em congressos e me tornasse um speaker.

A atividade de speaker é pouco conhecida por quem não faz parte do ecossistema da saúde. Na prática, as empresas que dependem da compreensão de conceitos complexos para a adoção de inovações convidam profissionais de destaque para palestrar. Comecei nessa atividade profissional primeiro com alcance regional, mas rapidamente passei a ter atuação nacional. Para se ter uma ideia, já fiz palestras em quase todas as cidades brasileiras com mais de quinhentos mil habitantes.

Foi nesse mergulho na estrada, conhecendo diferentes realidades por todo o país, que acabei percebendo algo intrigante. Eu fazia a apresentação no formato expositivo e, no final, abria para perguntas. Finalizada a atividade, era comum que participantes me chamassem de canto e fizessem perguntas sobre conceitos sobre os quais eu tinha acabado de falar. A impressão era de que eles haviam dormido ou de que tinham saído da sala. Na realidade, observei de maneira empírica a falência da aula expositiva tradicional, mas sequer imaginava que eu entenderia esse fenômeno de modo profundo e embasado cientificamente.

Na verdade, tomei consciência disso de uma maneira especial. Participei de um processo seletivo de uma faculdade de Medicina que à época utilizava algo muito inovador, o *Problem Based Learning* – Aprendizagem Baseada em Problemas. Logo no início de uma imersão que durava uma semana, foi-nos apresentada a Pirâmide de Aprendizado, que postula que quem assiste a uma aula retém bem menos conhecimento do que aquele que dá a aula. Não bastasse a evidência na minha frente, um grande educador me perguntou: "Você gostaria de continuar sendo um showman, um palestrante de sucesso, ou quer de fato ser um educador?".

Isso mexeu muito comigo, pois sempre acreditei na educação como principal agente de transformação social. Pois bem, fui selecionado no processo e deixei de ser professor para me tornar tutor. Passei os cinco anos seguintes moderando pequenos grupos em quatro turnos semanais. Mal sabia do impacto que essa experiência teria na minha vida.

A veia empreendedora falou mais forte e percebi que, se eu inovasse no modelo vigente de educação médica continuada tradicional, poderia revolucionar o ecossistema, e foi o que aconteceu. Observei que, em pequenos grupos, a maioria costuma seguir o entendimento de uma minoria que tem mais experiência e se posta com mais segurança diante da discussão de um problema, e isso é o que acelera a adoção de inovações. Comecei a testar vários formatos, o que se chama atualmente de prototipação, e cheguei a um modelo que utiliza aprendizagem ativa e influência social. Rodamos um Mínimo Produto Viável (MVP),[2] que foi um sucesso. Conseguimos acelerar a adoção de inovações de uma maneira consistente e centrada em aprendizagem profunda, e não superficial.

Daí em diante, fui refinando a metodologia e cheguei ao Método Synapse. Tomei a decisão de dar baixa no CRM e abraçar por completo a missão de ser educador. Eu me mudei com a minha família para a Holanda e conduzimos uma série de pesquisas sobre nossa metodologia. Depois de treinar milhares de profissionais, em parceria com grandes empresas de diferentes segmentos, incluindo o agronegócio, passei a fazer turmas bimestrais do Método Synapse e começamos a mentoria para pessoas físicas. Então veio a vontade de escrever este livro, com o objetivo de que mais pessoas deixassem de sofrer com aulas maçantes, apresentações corporativas cansativas e reuniões pouco produtivas, o que considero uma violência à atenção humana.

As principais habilidades de comunicação que você vai adquirir neste livro são técnicas avançadas de moderação de pequenos grupos e também de grandes audiências, além de didática e carisma na comunicação de conceitos complexos. Por meio dessas ferramentas, é possível controlar o processo de comunicação para que esta caminhe

---

2 "Em negócios, MVP é a sigla em inglês para Minimum Viable Product – ou Produto Mínimo Viável. Significa construir a versão mais simples e enxuta de um produto, empregando o mínimo possível de recursos para entregar a principal proposta de valor da ideia. Assim, é possível validar o produto antes de seu lançamento." ZANETTE, Franco. MVP: como usar esse conceito para validar uma ideia e crescer com o feedback do mercado. *Resultados Digitais*, 6 ago. 2020. Disponível em: https://resultadosdigitais.com.br/marketing/mvp-minimo-produto-viavel/#:~:text=Em%20neg%C3%B3cios%2C%20MVP%20%C3%A9%20a,produto%20antes%20de%20seu%20lan%C3%A7amento. Acesso em: 5 mar. 2023.

A ATIVIDADE DE SPEAKER É POUCO CONHECIDA POR QUEM NÃO FAZ PARTE DO ECOSSISTEMA DA SAÚDE.

para onde você desejar. Nosso intuito é de que atividades educacionais e reuniões se tornem mais dinâmicas, independentemente de serem realizadas por speakers, professores universitários, profissionais corporativos, profissionais liberais ou pequenos empreendedores que precisam se comunicar melhor tanto em pequenos grupos como para grandes audiências.

Nossa visão é de que reuniões podem ser muito mais produtivas se houver interatividade estruturada e se de fato – e não como discurso – valorizarem a diversidade. Nesse ínterim, os agentes poderão ter maior protagonismo e se diferenciar. Afinal, nessa passagem, percebi que muita gente com excelente formação técnica não teve a oportunidade de ter uma formação robusta em relação a como ensinar e influenciar pessoas.

Sonho com o dia em que as habilidades de comunicação deixarão de ser vistas como *soft skills* e passarão a ser consideradas parte das competências inerentes a profissionais com longa trajetória técnica, mas que tiveram pouca oportunidade de formação consistente em comunicação.

Não vou medir esforços para que esta obra o ajude a conseguir liderar discussões em pequenos grupos e a transformar apresentações em experiências memoráveis, com os recursos que você ainda não sabe que existem. Você vai descobrir na prática os efeitos de se comunicar bem e de criar apresentações eficazes, em relação tanto à sua imagem e autoridade quanto aos seus resultados e seu crescimento profissional.

Sua caminhada começa agora e, quando menos esperar, sua carreira profissional vai alavancar! Afinal, o ingrediente que faltava você encontra aqui: a comunicação em seu estado da arte.

01.

O que você aprendeu até aqui não o levará ao próximo passo

Já perdi a conta de quantas pessoas eu treinei ou das vezes em que interagi com pessoas de alto nível de escolaridade, muitas delas médicos e professores universitários, bem como profissionais do mundo corporativo com perspectiva de atingirem o tão sonhado *C-level* – nível diretoria como CEO, CTO, CMO, COO etc. –, mas que não conseguiam explorar seu pleno potencial, basicamente por dois fatores:

- incapacidade de se expressar de modo espontâneo, ou seja, coerente com a própria personalidade, organizando os pensamentos de maneira lógica e se expressando com clareza e autoconfiança, além de despertar diferentes emoções na audiência, mesmo em ambientes absolutamente técnicos;
- limitação ao formato expositivo com perguntas e respostas, o que impede a interatividade e troca de experiências, seja em uma atividade educacional, seja em uma reunião de negócios, não assumindo uma postura hábil, firme, embora afável, e que valorize, sobretudo, as relações humanas.

A consequência é nefasta: angústia por não estar no nível desejado em relação à carreira, tristeza por sempre se comparar com os pares que conseguem projetar de modo convincente a imagem pessoal deles, o que, consequentemente, compromete diretamente a própria popularidade e prosperidade (renda e independência financeira).

Pode parecer que estou sendo duro ao afirmar que o que você aprendeu até aqui não o levará ao próximo passo, principalmente depois de tudo o que você já estudou, de tanta dedicação na universidade e nos cursos de especialização infinitos. Faculdade, estágio, *trainee*, analista, gerência e diretoria – toda essa trajetória demanda estudo e dedicação em um grau realmente avançado. Sem contar a extensa carreira acadêmica que você, se for professor universitário, sabe bem do que se trata: mestrado, doutorado e pós-doutorado, etapas marcadas por um sistemático cronograma de estudos e entregas.

Você seguiu todo o roteiro. Desde a época escolar, é bem provável que estivesse entre os mais dedicados. "E isso tudo para quê?", você deve estar se perguntando. Para ver os colegas se destacando, enquanto você não é reconhecido? Para aplaudir, em vez de ser aplaudido? Para ser um mero espectador da própria história?

Fique bem à vontade, este é o momento de despejar todas as perguntas que estiverem guardadas aí com você. É hora de questionar o porquê dessas situações. Ao ter consciência do que está acontecendo, fica muito mais fácil se encontrar no tempo e no espaço e pensar que pode atingir seu pleno potencial.

Neste momento, preciso que você tenha clareza quanto a um diagnóstico que elaboramos em nossa área de atuação no Brasil, na América Latina e na Europa: profissionais da saúde, do agronegócio, de engenharia, marketing e negócios têm um *gap* enorme na formação em termos de didática e técnicas de moderação de pequenos grupos.

O problema, no entanto, é mais profundo. Poucas pessoas têm uma formação de base humanista capaz de entender como funciona o processo de mudança do comportamento humano por meio da influência e da educação. É claro que existe muita gente boa nisso, em todos os lugares, mas a maioria chegou a esse nível autodidaticamente.

A maioria das faculdades e dos cursos de pós-graduação, bem como MBAs e *Stricto Sensu* (mestrado e doutorado), ainda NÃO prepara os indivíduos para o que erroneamente chamamos de *soft skills*. De *soft*, elas não têm nada! A diferenciação profissional está completamente atrelada à coragem e à capacidade de se expressar com clareza e convicção, é isso que facilita a adoção de suas ideias e faz com que as pessoas aceitem a sua liderança. E essa segurança começa com um ensino forte que se concentre em *soft skills* importantes, como, por exemplo, empatia, resolução de problemas, pensamento crítico, comunicação persuasiva, criatividade, gestão de pessoas e inteligência emocional.

A falta de formação em processos avançados de ensino e aprendizagem, de como mediar conflitos e a lacuna na aquisição das habilidades em comunicação custam caro para profissionais, que veem seu crescimento ficar limitado. Isso faz com que eles não sejam admirados e reconhecidos como merecem e desejam, causando impacto negativo na progressão da carreira. Como um círculo vicioso, esse quadro compromete a prosperidade (renda) e a autorrealização.

Você tem consciência de tudo o que está enfrentando? Esse cenário que descrevi anteriormente pode levá-lo a buscar justificativas para essa situação e, o que é pior, a acreditar nelas. Veja alguns exemplos que ouvi ao longo de todos esses anos realizando treinamentos em empresas e de colegas empreendedores:

> • "Tudo isso está acontecendo porque não sou um comunicador nato, ou seja, não tenho didática e carisma, não nasci com o 'dom' da comunicação. Nem vale a pena me esforçar nesse sentido."

- "Perdi todo esse tempo, dinheiro e dedicação por menos do que eu acho que mereço."
- "Tenho certeza de que eu poderia estar bem mais avançado do que estou hoje se tivesse habilidades de comunicação."
- "Muitas vezes, sinto que não tenho tanta sorte como os meus colegas que se destacam."
- "Sei que estou na profissão certa, mas não sou reconhecido como deveria."

Percebe que isso o impede de acreditar que você pode mudar essa situação? Portanto, primeiramente, reflita sobre isso e analise sua realidade. Ao longo do tempo, você faz o seu trabalho sem se diferenciar, passa as reuniões pensativo, com dificuldade de se projetar, obtendo pouca participação? Faz apresentações corporativas, palestras ou apresenta suas ideias sem interagir com o público e sem mostrar seus resultados? Se você tem esse tipo de conduta, a plateia acaba formando uma imagem sua que pode não combinar com aquela que você gostaria de ter e que se dedicou para construir.

As pessoas com as quais você convive – família, amigos e principalmente colegas de trabalho e superiores – acreditam que:

- você não se diferenciou o bastante no que faz, apesar de ser dedicado e esforçado;
- você está despreparado para o cargo e para evoluir na empresa ou no negócio;
- você sabe muito, mas não consegue passar esse conhecimento adiante nem ensinar;
- você ainda não explorou seu pleno potencial.

Para explicar o que pode estar ocorrendo com você, vou apresentar dois cases reais que inspiraram a criação do meu método – sobre o qual vou falar em detalhes mais adiante. Foram situações que trouxeram muita angústia a esses profissionais e, como os acompanhei de perto, pude sentir o peso de não conseguirem se comunicar bem.

POUCAS PESSOAS TÊM UMA FORMAÇÃO DE BASE HUMANISTA CAPAZ DE ENTENDER COMO FUNCIONA O PROCESSO DE MUDANÇA DO COMPORTAMENTO HUMANO POR MEIO DA INFLUÊNCIA E DA EDUCAÇÃO.

AS CONSEQUÊNCIAS DE NÃO SABER SE COMUNICAR

O primeiro caso que trago aqui é o de um médico que atuava como speaker. Paulo especializou-se em urologia e, no mestrado, aprofundou os estudos em determinada subespecialidade. Com isso, tornou-se referência, primeiramente na cidade onde morava e depois nacionalmente (no momento, ele está fazendo doutorado).

Paulo foi convidado para realizar uma apresentação, seguida da discussão de uma situação-problema, mais especificamente sobre um caso clínico. A maior aprendizagem quando se trata de profissionais com alguma experiência é a troca de vivências. Assim, essa seria uma oportunidade importante para fomentar a interatividade de maneira mais estruturada. Contudo, não foi o que aconteceu.

No primeiro evento, ele falou por uma hora e dezesseis minutos sem interrupção. Foi tão exaustivo que ninguém fez perguntas, e ele nem sequer se mostrou aberto a discussões. No segundo evento, Paulo tentou fazer algo mais interativo desde o início. O resultado foi nada mais do que um bate-papo informal que desviou completamente a discussão dos objetivos de aprendizagem preestabelecidos. Infelizmente, ele deixou de ser convidado para novos projetos, o que impactou diretamente a reputação e a renda de Paulo.

O outro profissional é o Ricardo. Formado em ciência da computação, ele trabalhava em uma grande empresa de construção civil. Seu papel era desenvolver tecnologia para a geração de dados estratégicos para diferentes departamentos internos. Ele ocupava um cargo com alto potencial de crescimento, mas a impressão que ele tinha era de que ninguém prestava atenção verdadeira quando expunha sua visão em relação aos projetos. Durante a discussão, notava que seus colegas, que não sabiam tanto quanto ele sobre o projeto, eram capazes de construir uma imagem que cativava os gestores. Assim, Ricardo foi se desencantando e sentindo as horas no trabalho como se ele estivesse recebendo uma infusão de veneno.

Ele acabou sendo demitido. Resolveu, então, abrir uma franquia de marketing digital, mas também não conseguiu ser assertivo em reuniões com potenciais clientes. Quebrou financeiramente e entrou em um quadro depressivo que custou, até mesmo, seu casamento.

Como você pode perceber, o fato de não conseguir se comunicar efetivamente em reuniões, apresentações e em qualquer oportunidade que surgir pode gerar uma série de consequências danosas. E essas consequências podem interferir em todos os aspectos e esferas da vida. Na carreira, com a falta de reconhecimento de valor (subvalorização profissional), a imagem e a reputação abaladas; na vida financeira, com pouca probabilidade de promoções, de ascensão de cargo e, no caso de profissionais que apresentem conceitos relacionados a produtos em *minimeetings*, poucas chances de serem chamados para outros projetos; em termos psicológicos, com quadros de ansiedade, sensação de impotência, autoestima baixa, depressão e sensação de ter perdido oportunidades de melhorar a situação.

Outra consequência é a falta de clareza ao se comunicar. Se pararmos para analisar, é fácil imaginar o motivo. Quem não reconhece o próprio valor tem dificuldade de se comunicar bem, não consegue organizar os pensamentos para transmiti-los com clareza. Acreditando que não tem nada a oferecer, a pessoa perde o foco nos pontos mais importantes. Um círculo vicioso que só atrapalha a comunicação e a sua imagem diante dos outros.

Se você se viu em alguma das situações que descrevi neste capítulo e deseja mudar esse cenário, continue a leitura. Você está prestes a entender melhor o que o está impedindo de diferenciar-se e de passar para o próximo estágio rumo à ascensão profissional.

02.

"Sambarilove", não; consistência, sim!

Conforme prometi no capítulo anterior, a partir de agora, você vai entender melhor o que o está impedindo de se destacar no seu trabalho. Vou trazer cases de pessoas que acompanho e que passaram pelos mesmos desafios que você está passando hoje simplesmente porque não conseguiam se comunicar de maneira eficaz no dia a dia. Você já deve ter sentido na pele que uma boa comunicação se faz na rotina de trabalho, nas pequenas reuniões e apresentações, e não apenas em eventos solenes. E, nessas situações, ou você se destaca ou continua se apagando.

Ao longo da minha trajetória, tive a oportunidade de participar de mais de 400 projetos que envolveram profissionais de ramos variados, desde speakers, professores universitários – a maioria mestres ou doutores –, profissionais liberais até profissionais corporativos: diretores, gerentes, coordenadores, analistas, estagiários e jovens aprendizes. E, apesar de toda essa diversidade, as histórias que contavam eram basicamente as mesmas.

"Eu estudei muito, foi uma longa jornada até me tornar alguém na minha área. Eu me desenvolvi profissionalmente e hoje tenho um *know-how* que pode fazer a diferença na vida das pessoas, mas não nasci com a capacidade de ser carismático em uma apresentação ou de ser influente durante uma reunião. Quando faço uma apresentação, percebo que as pessoas ficam atentas por pouco tempo. O que será que me falta?"

"Queria tanto ser como aqueles profissionais que conseguem se apresentar e ainda cativar o público com a sua mensagem, envolver as pessoas naquele tema, sabe? Já fiz vários cursos de retórica e de como fazer apresentações memoráveis, mas até agora nada me tirou da estaca zero. É frustrante!"

Você deve estar pensando que eu li seus pensamentos e que essas falas já foram suas ou que poderiam ser. Para seu alívio, saiba que tem muita gente nesse barco e, para um alívio ainda maior, esse barco pode levar você para águas mais calmas, mesmo que hoje pareça impossível.

A importância das habilidades de comunicação na progressão de carreira pode ser facilmente percebida quando examinamos o relato de uma coordenadora de marketing, a Carla, que acompanho desde a época em que ela era estagiária. Carla mudou de empresa, e isso trouxe bastante clareza de como a progressão da carreira depende de irradiar confiança e saber se impor de maneira efetiva na interação com outras equipes.

"Quando planejei minha carreira, nunca imaginei que seria tão importante saber fazer apresentações e moderar discussões. Muito menos que precisaria fazer isso remotamente usando plataformas digitais. Até que me comunico bem, mas não há nem comparação com alguns colegas que, naturalmente, conseguem prender a atenção e envolver todo mundo em uma discussão. Já fiz curso de oratória, no entanto não me identifico com certas 'mandracarias'. Sou séria no que faço e não quero ser vista como animadora de palco. Mas confesso que não tem sido fácil, mesmo tendo desenvolvido meu próprio jeito de falar, de maneira intuitiva, preciso melhorar. Fico muito triste quando sou interrompida em uma reunião e outra pessoa acaba tendo mais protagonismo que eu. Sem contar a frustração de ver todo mundo no celular quando estou me apresentando. Tentei técnicas para envolver as pessoas, pedindo para abrir a câmera quando estou apresentando de modo remoto e motivando a participação fazendo perguntas. No final, sempre são aquelas mesmas poucas pessoas que interagem, e eu não tenho o grupo na mão, isso quando algumas se sentem constrangidas quando tento acioná-las.

"Eu me sinto desvalorizada e ansiosa o tempo todo. É angustiante ver que pessoas com menos conhecimento técnico e dedicação se sobressaem muito mais do que eu, simplesmente porque se projetam mais nas suas apresentações brilhantes e envolvem os participantes nas discussões sem constrangê-los. Elas se destacam muito, e era exatamente disso que eu gostaria. Mas não sei o que fazer. Já li livros, fiz cursos, e é sempre a mesma coisa. Parece que quem trabalha com treinamento e desenvolvimento de comunicação não se dá conta de que a realidade de uma comunicação no âmbito científico ou estratégico é algo muito mais profundo. Fiz uma mentoria e deixei isso claro para a minha mentora, mas, apesar de ela ter me entendido, foi incapaz de me ajudar. O jeito é me conformar ou começar a 'fazer política' para ter destaque, mas isso agride meus valores. Nossa, por que eu não pensei nisso desde a graduação, deveria ter procurado mais recursos e me dedicado mais, será que agora é tarde?"

Com esse depoimento, fica claro como o progresso na carreira e a felicidade (sensação de bem-estar e autorrealização) dependem de competências-chave em comunicação na formação do indivíduo. Infelizmente, na nova empresa, essa profissional não consegue um cargo gerencial, o que gera muito sofrimento e questionamento a respeito de estar ou não na carreira certa. De todo modo, ela tem muito potencial e tempo de melhorar para as próximas vivências profissionais. No entanto, precisa erguer a cabeça e aproveitar as oportunidades do dia a dia para se projetar e ter um protagonismo maior.

O que eu quero dizer, levando em conta esse senso de oportunidade, é exatamente o oposto do que vivencio no meu dia a dia dentro das empresas. Certa vez, em uma reunião aqui no Brasil sobre planejamento estratégico de uma empresa multinacional com sede na

Suíça, foi solicitado que todo o time de marketing da América Latina apresentasse cenários possíveis do mercado para os próximos doze meses. O analista da equipe, que hierarquicamente respondia ao seu gestor e que supervisionava os estagiários, preparou um material robusto em PowerPoint, um relatório abrangente, mas organizado de maneira concisa, o que, convenhamos, não é fácil. Durante a reunião, no momento de apresentar o relatório, simplesmente lhe disseram: "Você tem algo a acrescentar? Por favor, faça-o de maneira breve, com no máximo dois slides".

Assim, ele ficou hesitante, pois previamente fora combinado que teria quinze minutos e que poderia apresentar sua parte em até 30 slides. Resumindo, ficou parecendo que sua capacidade estava bem aquém do que realmente era, quando consideradas as competências técnicas e funcionais. Ele voltou para casa e pensou: *Passei noites sem dormir, fiz tudo o que meu gestor pediu e, durante a reunião, não tive nem a oportunidade de apresentar o que eu fiz. O meu trabalho não aparece, como é que vou crescer na carreira assim?*

Não pense que o profissional liberal está livre desse sentimento. Vou contar o que acontece com um ótimo dentista, o Carlos, que focou sua carreira na odontologia estética. Na hora de apresentar o que ele faz para um possível cliente, por não se comunicar bem, muitas vezes um concorrente que faz um trabalho pior consegue ganhar esse cliente e ainda cobrar mais caro. Então, Carlos fala: "Ah, se eu me comunicasse melhor, teria uma carreira muito mais próspera".

Os professores universitários também estão sofrendo muito com essa realidade. O que está acontecendo? Os alunos já não têm mais interesse em aulas tradicionais, querem aulas que os conquistem mais do que o conteúdo que encontram nos próprios celulares. Competição desleal, muitos diriam. Mas será mesmo? Você, como aluno, gosta de ver slides repetitivos e enfadonhos por horas a fio? Gosta de ouvir o professor falando sem parar? Aposto que não.

Recentemente, em um evento do qual participei, vi essa situação acontecer com um professor considerado mega-autoridade, que discursou antes de uma comunicadora muito habilidosa. A aula dele foi maçante, com 50 slides e ele falando monotonamente. Ganhou aplausos tímidos, mesmo sendo muito reconhecido na área. Em seguida,

NÃO PENSE QUE O
PROFISSIONAL LIBERAL ESTÁ
LIVRE DESSE SENTIMENTO.

entrou a segunda palestrante, que deu uma aula bem-feita, enxuta, falou com fluência, concatenou as ideias e, o mais importante, permitiu que houvesse muita interatividade, não somente com ela mas também com a troca de vivências entre os participantes. Terminou sua participação e foi ovacionada! O professor anterior ficou no canto da sala. Fiquei pensando em como ele estaria se sentindo naquele momento.

ENTRE O MODELO TRADICIONAL DE COMUNICAÇÃO E UM MAIS DINÂMICO

Sei que é um desafio tentar sair do método de ensino tradicional, o qual aprendemos desde que entramos na escola: aulas expositivas com o papel centralizado da figura do professor. Nesse modelo, os alunos geralmente se mostram passivos e, por isso, não absorvem grande parte do conteúdo exposto. O mais alarmante é que o professor é quem de fato aprende nesse processo.

Quanto a essa questão, o físico e educador de Harvard Eric Mazur foi pioneiro ao descrever o que ficou conhecido inicialmente por *Peer Instruction* (instrução entre pares, em português). Esse processo de ensino-aprendizagem tem por objetivo substituir a transferência do conhecimento do modo vertical, professor-alunos, pela troca de experiências entre os pares, o que permitirá uma aprendizagem mais profunda, uma vez que as discussões são contextualizadas, pois se baseiam em desafios mais próximos à realidade de cada aprendiz. Nesse paradigma, o professor atua como um facilitador – aquele que mostra o caminho –, e não é mais o único responsável por ensinar o conteúdo. Nas palavras de Mazur: "ensinar é apenas ajudar a aprender".[3]

O termo *Peer to Peer* (P2P) quer dizer "de igual para igual" ou "em pares". A ideia central é que o conhecimento e a aprendizagem podem ser construídos a partir da interação entre as pessoas envolvidas, sem a necessidade de existir uma figura hierarquicamente superior ou um único

---

3 MAZUR, Eric. *Peer Instruction:* a user's manual. Cambridge: Prentice Hall, 1997.

detentor do saber, como é o caso do professor ou do speaker. Um dos maiores desafios nessa mudança de paradigma é a capacidade de "ler" a natureza humana e de lidar com pessoas. Essa é, sem dúvida, a habilidade de comunicação mais importante para quem quer deixar o paradigma do "eu falo e você me escuta" e adotar o modelo que favorece, ou privilegia, a troca de experiências, garantindo o aprendizado mútuo e de longo prazo.

De todo modo, é importantíssimo salientar que a valorização desse modelo mais dinâmico não é excludente da capacidade de causar forte impacto quando se está apresentando em formato expositivo. A capacidade de provocar o efeito montanha-russa na audiência é um dos principais diferenciais do bom comunicador. Para isso, ele intercala momentos mais instrucionais com estados mais reflexivos e, o mais importante, evoca emoções, que ora fazem as pessoas rirem, ora as fazem chorar, ainda que internamente.

Quando você aprende e "pega o jeito", passa a ampliar as possibilidades de crescer profissionalmente – ser reconhecido, promovido, ganhar mais, ser respeitado e admirado –, e isso vai além do trabalho. Você passa a ouvir mais "sim" do que "não", vive em harmonia com as pessoas à sua volta. Na prática, sua popularidade, felicidade e renda dependem em grande medida das suas habilidades de comunicação.

NÃO TEM A VER COM SE TORNAR UM ANIMADOR DE PALCO

O segredo de promover interatividade bem estruturada para pequenos grupos e provocar estados emocionais em grandes audiências, além do clássico "apresentação expositiva seguida de perguntas e respostas", depende muito da sua consistência e profundidade, do ponto de vista técnico, acrescidas das camadas de habilidades de comunicação.

Caso contrário, você poderá ser visto como alguém "sambarilove", da frase em inglês *somebody love me* (alguém que ama, em português) que serve para indicar júbilo pelo sucesso de uma grande malandragem.[4] Por isso, a formação que você precisa para se comunicar bem com seu público deve levar em conta essa necessidade, não pode ser generalista e superficial. Você não vai deixar de ser quem é – profissional com uma entrega técnica e consistente – para virar um animador de palco. Definitivamente, essa não é a sua função, nem é isso que vou mostrar nesta obra.

O que vou indicar é como organizar seus pensamentos de maneira lógica e como se capacitar para falar de modo claro e convincente em uma reunião ou com um grupo de trabalho ou em uma apresentação, sempre valorizando a própria personalidade, de modo a gerar reações espontâneas, sobretudo em relação ao seu gestual. Isso vai lhe trazer autoconfiança adicional, algo decisivo para a sua reputação profissional. Afinal, em áreas muito técnicas, ser visto como alguém que fala bem, mas que "enrola", pode ser fatal.

Contudo, antes de saber como adquirir essas novas habilidades de comunicação tão determinantes para sua vida, vou apresentar as possíveis causas pelas quais você está nessa situação. É importante entender por que certas coisas e situações ocorrem, para que você possa ter mais condições de virar esse jogo.

---

4 KOPF, Rossana Brasil. Sambarilove. *O Estado*, 19 jun. 2017. Disponível em: https://oestadoce.com.br/opiniao/sambarilove/. Acesso em: 24 fev. 2023.

03.

Falta conexão entre tudo

Neste momento, você provavelmente já está vendo sua situação com maior clareza. Pense no capítulo anterior como um diagnóstico do seu problema (minha formação em Medicina falou mais alto aqui). Essa etapa já foi cumprida. Agora vamos nos aprofundar no diagnóstico para identificar as causas desse problema, o porquê de situações como essas acontecerem com você.

Vamos recapitular. Sua carreira está aquém de suas expectativas, você não ganha o que acha que merece pela longa e intensa trajetória de estudos e dedicação. Você até tenta se preparar para reuniões e apresentações, mas quase sempre sai delas sem que ninguém sequer ouça a sua voz. Como um círculo vicioso, isso vai se repetindo, e você continua como não quer estar: frustrado e desanimado.

Antes que fique se lamentando por essa situação, que realmente é angustiante, quero mostrar a luz no fim do túnel a partir de agora. Para isso, vou lhe apresentar algumas prováveis razões pelas quais você ainda está nessa situação.

VOCÊ NÃO APRENDEU O NECESSÁRIO PARA SE DESENVOLVER EM COMUNICAÇÃO

É muito provável que você nunca tenha tido contato com técnicas avançadas de moderação, como as utilizadas por tutores no processo de ensino-aprendizagem denominado PBL – *Problem Based Learning* ou Aprendizagem Baseada em Problema. Esse processo iniciou-se no Canadá, conquistou a Austrália e consolidou-se na Holanda.[5] Hoje, a maioria das faculdades de Medicina brasileiras utiliza a estratégia de grupo tutorial, que, em vez de uma aula tradicional, apresenta uma situação-problema e convida as pessoas a discuti-la de maneira bem estruturada em duas sessões: a primeira, de análise, e a segunda, de resolução, entremeadas por tempo protegido para estudo individual. Isso não quer dizer que aulas expositivas são proibidas; na realidade, o formato depende muito do tipo de conteúdo.

Existem assuntos que são quase impossíveis de ser discutidos sem conhecimentos prévios e, nesse caso, o formato ideal seria o daquela aula memorável realizada com maestria pelos bons professores. Esse tipo de habilidade é nato em algumas pessoas e existe muita literatura sobre retórica que supre a lacuna de formação em educação. O grande problema é a capacitação docente no que tange à habilidade de tornar um grupo funcional, em que os alunos, juntos, cheguem a uma solução que não conseguiriam individualmente.

Na verdade, as capacitações docentes, no início do semestre, costumam ser muito mais momentos de congraçamento e alinhamento de cronograma e responsabilidades do que de fato um treinamento robusto em habilidades de comunicação. É claro que há exceções, mas, a meu ver, só confirmam

---

5 MAMEDE, Silvia; PENAFORTE, Júlio César. *Aprendizagem baseada em problemas:* anatomia de uma abordagem educacional. São Paulo: Hucitec, 2001.

a regra. Para se ter uma ideia, conceitos clássicos de neuroaprendizagem, incluindo aspectos de *data visualization* e design gráfico, bem como de storytelling, não são sequer mencionados nesses treinamentos.

VOCÊ APRENDEU A ACREDITAR E A SEGUIR SEU MEDO DE SE EXPOR

Agora que você já percebeu que não aprendeu o necessário para se desenvolver em comunicação, o que absorveu no lugar disso? Já treinei muita gente que aprendeu que não poderia ser palestrante, por talvez ser tímido desde criança ou por não conseguir expor as ideias tão facilmente quanto outras pessoas. Seja qual for o motivo, muitos aceitaram o medo de falar em público – que poderia ser apenas um medo inicial pela falta de prática – como um fator limitante, um obstáculo impossível de ser vencido. Ou, o que é pior, muitos acreditam que essa falta de habilidade é um traço da própria personalidade e, com base nessa visão, isso não se altera e muito menos se aprende.

Se foi isso que você aprendeu até aqui, desaprenda. Isso mesmo, permita-se desaprender essas crenças e se abra para as novas perspectivas que proponho neste livro. Os limites quem decide é você, e não a sua falta de habilidade para isso.

A maioria das pessoas no mundo inteiro já sentiu medo de falar em público. Você já deve ter lido algum estudo ou matéria jornalística em que pede-se aos entrevistados que listem seus maiores medos. O medo de falar em público costuma ficar em primeiro lugar nessa lista, à frente do medo de altura, de águas profundas e até da morte. E por quê? Porque, entre outros fatores, está em jogo nossa reputação em longo prazo.

Segundo Chris Anderson,[6] um dos nomes à frente das TEDx Talks, somos criaturas essencialmente sociais, desejamos afeto, respeito e apoio dos outros. O que ocorre no palco influencia esses valores sociais de maneira positiva e negativa, conforme o andamento da apresentação.

---

6 ANDERSON, Chris. *TED Talks*: o guia oficial do TED para falar em público. São Paulo: Intrínseca, 2016.

OS LIMITES QUEM DECIDE É VOCÊ, E NÃO A SUA FALTA DE HABILIDADE PARA ISSO.

De acordo com Anderson: "A comunicação humana é uma verdadeira maravilha. Inconscientemente, nós a praticamos todos os dias. Mas é no palco, diante de um público, que ela alcança intensidade máxima".

Com a atitude mental certa, Anderson acredita que é possível usar o medo como uma vantagem valiosa. O medo pode incentivar a pessoa a se preparar mais e melhor, o que eleva as chances de ter bons resultados. Além disso, a prática ao longo do tempo vai, naturalmente, aprimorando a habilidade de falar em público e aumentando a segurança do palestrante.

Uma palestra não é um luxo permitido somente aos grandes líderes mundiais ou a pessoas influentes. Você pode não ser ainda grande na sua área de atuação, nem uma famosa figura pública, mas uma palestra sempre pode abrir portas e transformar a sua carreira. Se você aprender a expor suas ideias e sua missão de vida, terá um público para chamar de seu, e a sua imagem será aquela com a qual sempre sonhou. Segundo Anderson, as histórias mais interessantes expostas no TED são as que promovem ideias e mudanças de vida.

A FALTA DE CONEXÃO ENTRE AS ÁREAS

Há muito mais coisas envolvidas quando pensamos por que ainda estamos presos a um modelo educacional desenvolvido para criar trabalhadores em série na revolução industrial, uma vez que o modelo mestre-discípulo remonta a mais de cinco mil anos e, portanto, antecede à linguagem escrita.[7]

A questão de ainda ser o modelo de educação vigente é complexa, mas quero destacar o ponto da fragmentação do conhecimento gerado pela superespecialização. A título de exemplo, quando atingi o ápice da minha carreira como médico neurologista, eu só atendia pacientes com dor de cabeça, tanto no âmbito público como no privado, o que até hoje considero surreal. Afinal, eu havia passado anos aprendendo

---

7 BANZHAF, Hajo. *O tarô e a jornada do herói*: a chave mitológica para compreender a estrutura simbólica oculta nos arcanos maiores. São Paulo: Pensamento, 2023.

a fazer um exame neurológico, algo que envolve desde testes simples, como fazer um número 4 com as pernas, até questões superelaboradas para diferenciar uma confusão mental de causa psíquica ou orgânica (um tumor cerebral, por exemplo).

Essa é a minha hipótese quando abordamos a questão das habilidades de comunicação pela óptica da capacidade de moderar pequenos grupos com maestria ou de fazer uma apresentação "matadora". Nesse quesito, na retórica e na oratória ainda são abordadas algumas áreas do conhecimento. Já a habilidade de moderação de pequenos grupos é raríssima, mesmo para quem trilhou o caminho da educação, e este é o meu ponto.

Nos anos em que atuei como tutor no modelo PBL, por exemplo, eu era muito cobrado a ajudar os alunos a tirarem o maior proveito possível da aprendizagem colaborativa, mas ninguém me ensinava "como". Ou seja, precisei estudar a fundo as técnicas de mediação de conflito. Estas, aliadas a técnicas de terapia em grupo, trazem aspectos práticos para o moderador.

Preciso ser justo com as escassas fontes de literatura existentes sobre como lidar com pequenos grupos, da área da educação, mas isso só reforça o meu ponto. No geral, quem tem formação em ciências da natureza ou da vida (biologia, química, farmácia, biomedicina, odontologia, veterinária ou medicina) ou quem trilhou a carreira clássica em negócios no mundo corporativo, com passagem ou não por MBAs, ou pessoas que estudaram áreas ligadas a engenharia ou a tecnologias não tiveram oportunidade de se desenvolver profundamente em termos de habilidades educacionais em um período crítico para o ser humano, a chamada formação *mater*. Trata-se do período entre 18 e 23 anos, tempo que costuma coincidir com a primeira graduação e que será decisivo na maneira como o indivíduo vê a si mesmo e o mundo.

Nessa fase, a maioria não estudou conceitos educacionais profundos e hoje não consegue perceber a inter-relação entre conceitos como influência social e ensino para pequenos grupos ou a arte da interpretação em aulas expositivas. É óbvio que o estudo em filosofia, economia comportamental, ciências sociais e design instrucional, para não alongar a lista, deveria fazer parte de todas as profissões que precisam lidar com a natureza humana. Entretanto, não somos obrigados a ter uma formação hiperespecializada em um mundo que nos mostra que problemas complexos só podem ser resolvidos quando temos uma perspectiva sistêmica; ou seja: somos seres relacionais interdependentes em sistemas que começam na família, estendem-se para organizações e chegam até o nível de países ou culturas.

Nossa formação hiperfragmentada não nos preparou para lidar adequadamente com a realidade. E, no fim, cada um teve de buscar a própria formação sozinho. O preço pago por quem não conseguiu essa formação costuma ser bem caro, como a paz, a prosperidade e bens maiores, coisas muito difíceis de obter sem expertise em habilidades de comunicação. Demorei muito para entender que educação também é *hard science*[8] e não *soft skills*. As bases da educação que são primordiais em apresentações, reuniões de negócios e discussões em pequenos grupos implicam busca solitária.

Precisamos, como alunos e como professores, buscar o conhecimento necessário para transformarmos o ensino, respeitando os diferentes processos de aprendizagem. Nesse sentido, convido você a se abrir para as novas ferramentas que apresentarei neste livro. Elas são revolucionárias, disruptivas, como precisam ser. Antes, porém, você precisa conhecer mais algumas causas que estão atrapalhando o seu caminho de aprendizagem.

---

8 "O termo *hard sciences* se refere às ciências voltadas ao estudo do mundo natural e, por isso, essa 'família' também é conhecida como a das Ciências da Natureza. Alguns exemplos de áreas da *hard sciences* são a Física, a Química, a Biologia ou a Astronomia e as suas principais características são a objetividade e o rigor do modelo científico." AMPESC. O que são as hard sciences. *G1 – Admirável Mundo Novo*, 17 jan. 2019. Disponível em: https://g1.globo.com/sc/santa-catarina/especial-publicitario/ampesc/admiravel-mundo-novo/noticia/2019/01/17/o-que-sao-as-hard-sciences.ghtml. Acesso em: 8 jun. 2023.

04.

O que trava a sua comunicação

Somente quando nos cercamos de todos os motivos pelos quais algo não está dando certo, somos capazes de mudar a rota e transformar os nossos resultados futuros. Acreditando nessa máxima, peço a sua atenção para expor mais algumas causas que provavelmente estão atrapalhando a sua comunicação e, por consequência, a sua ascensão ou o seu reconhecimento profissional.

Para facilitar a compreensão, dividi-as nos itens que você verá a seguir.

MUITA GENTE NÃO SABE QUE NÃO SABE

Muitas vezes, aqueles alunos ou pessoas mais aplicadas, que costumam interagir com frequência e elogiar as aulas e apresentações, servem como únicos parâmetros para mensurar o sucesso do professor ou palestrante. Enquanto isso, a maior parte da turma não está aprendendo e o educador nem fica sabendo.

Essa ignorância, no sentido de desconhecer que as aulas não estão tendo bom resultado, deixa os professores "míopes" diante do problema. Por isso, nada muda no modo como eles ensinam e na maneira como a educação se apresenta de modo geral.

No contexto atual, o professor passa a dividir o "educar" com o influenciador digital. Quer você goste ou não, o fato é que nasceu um novo educador, e ele pode ser encontrado principalmente em um lugar chamado internet. Muitos deles não têm formação em educação, mas sabem o que funciona e o que não funciona guiados por inúmeras métricas disponíveis. E muitos passaram a dar cursos on-line não apenas com motivos acadêmicos mas também para reforçar suas marcas e para que sua mensagem alcance um número muito maior de pessoas ao mesmo tempo.

Tenho um cliente, o Matheus, que tem quase 5 milhões de seguidores em uma rede social e atinge de 15 a 20 milhões de pessoas mensalmente por uma plataforma de vídeo. Ele aprendeu a arte de construir roteiros, o que Aristóteles chamava de *logos*. Também desenvolveu a capacidade de ser carismático, o *ethos*, e sobretudo teve acesso a conceitos de neuromarketing que revelam como a emoção (medo e desejo, principalmente) é a chave para engajar a audiência, o *pathos*. Vou explicar esses conceitos mais adiante neste livro.

Ele me contou que teve acesso a um "camp" gratuito sobre comunicação digital promovido por uma grande empresa que hospeda e comercializa cursos on-line (infoprodutos). Ele disse que começou pequeno e foi se desenvolvendo até ter um time de mais de vinte pessoas. Uma fala dele me marcou muito: "O sucesso não depende só de um dom, eu não nasci com isso, mas consegui adquirir. Quando tive acesso ao tipo de conhecimento certo, fui aplicando no dia a dia do meu negócio com uma câmera amadora, e eu mesmo fui criando meus roteiros até chegar aqui".

É uma pena que as faculdades não nos preparem para isso e muito menos a pós-graduação. Os currículos precisam ser revistos e deveriam incluir, desde muito cedo, não só a andragogia (aprendizado de adultos) mas também a heutagogia (aprendizagem digital por smartphones).

Toda vez que você recebe uma informação nova, sua memória de trabalho guarda de sete a nove itens a cada 21 segundos e vai deletando a maior parte das informações. Alguns dados saem da memória de trabalho e vão para a memória de curto prazo; uma parte bem pequena vai para a memória de longo prazo, que tem uma capacidade de armazenamento ainda desconhecida. O que faz isso acontecer? Quando você se emociona ou acha que uma informação é muito relevante para a sua vida, você a memoriza profundamente. Então, ao entender esses princípios de como o cérebro humano funciona em relação à atenção, ao aprendizado e à memória, esses *creators* (infoprodutores), como o Matheus, começaram a aprender técnicas e a testá-las na vida real, aprimorando-as a cada dia e chegando a um alcance sequer imaginado pré-revolução digital.

Existe um novo saber sobre como ensinar a influenciar pessoas, e ele está disponível para todos. Contudo, eis aí o gargalo. Há pessoas que conseguem se autodesenvolver, os autodidatas, como costumamos chamar. Esse influenciador, por exemplo, não tinha uma formação de ensino, aprendeu sozinho como funciona a dinâmica de redes sociais e hoje é considerado referência. Ele consegue perceber as pessoas, mudar a aula rapidamente e propor atividades para até 20 milhões de seguidores por mês. Isso porque correu atrás, buscou e aprendeu esses outros elementos importantes da educação.

Existem coisas que você não conhece porque simplesmente não teve acesso a elas. Entretanto, o fato de não ter a habilidade nata de ser comunicador não significa que não possa desenvolvê-las. É necessário ter essa atitude e saber onde buscar as informações. Mas ainda não será no ensino formal que você vai encontrá-las. Apesar disso, se você tiver uma rede de pessoas que conhecem essas informações e se mantiver essa inquietude, esse desejo de querer evoluir, sempre se autoavaliando e pedindo uma avaliação de pares (adiantando um pouco o passo um da metodologia), vai desenvolver melhor a sua capacidade de comunicação, independentemente da sua área e da sua profissão.

DÁ TRABALHO PREPARAR UMA METODOLOGIA INTERATIVA E DINÂMICA

Convenhamos que é muito mais fácil dar uma aula tradicional. Você prepara seu roteiro, seus slides, dá a sua aula e, principalmente se você for uma referência no assunto, ninguém vai questioná-lo. No entanto, quando você realiza uma apresentação usando as nossas metodologias, existe um esforço e um trabalho maior no processo.

Vou dar como exemplo uma apresentação minha recente. Criei um case (storytelling) com uma personagem que representava o meu público. Então realizei entrevistas – que eu chamo de escutas empáticas – com os gerentes distritais, visando ao entendimento profundo dos desafios. Eu precisava compreender melhor quem eram aquelas pessoas para as quais eu faria a apresentação e, assim, obter um diagnóstico final na solução de um problema da minha persona. Por isso, montei o case e inseri o meu conteúdo. Em torno de 40% a 50% da atividade foi dialogada.

A Entrevista Empática é uma metodologia de coleta de dados criada na d. school da Universidade de Stanford. Trata-se de uma conversa de aproximadamente trinta minutos que explora práticas, crenças e emoções dos entrevistados para entendimento profundo dos objetivos. É composta de perguntas norteadoras que estimulam os entrevistados a contar histórias que exemplificam a sua rotina e experiências marcantes relacionadas ao tema investigado. Como resultado, esses relatos revelam aspectos intangíveis que podem ampliar a compreensão dos desafios enfrentados e facilitar a projeção de soluções aplicáveis às demandas mapeadas.[9] Nossa proposta na Synapse é a realização de escutas com pessoas-chave

---

9 FILATRO, Andrea; CAVALCANTI, Carolina Costa. *Metodologias inov-ativas*: na educação presencial, a distância e corporativa. São Paulo: Saraiva, 2018.

(número amostral a ser combinado com o time), com base em objetivos de aprendizagem predefinidos, a fim de mapear os desafios.

Percebeu que isso está longe de ser uma atividade mecânica por parte do professor? Não é por nada que uma aula ou uma apresentação que envolvam tantos elementos disruptivos despertem muito mais a atenção e o engajamento dos alunos.

O EGO PODE FALAR MAIS ALTO

Muitos professores estão presos ao próprio ego e não percebem que a "escutatória" é tão ou mais importante que a oratória. Não enxergam que o mundo mudou e que motivar o pensamento crítico é muito mais importante do que despejar informações que sobrecarregam nossa memória de trabalho e geram muito mais ruído do que aprendizado.

No livro *Aprendizagem baseada em problemas: anatomia de uma nova abordagem educacional*[10], Sílvia Mamede e Júlio César Penaforte afirmam que, no mundo todo, vem crescendo um movimento de questionamento, por parte da sociedade, sobre a capacidade de as instituições de ensino superior cumprirem aquelas que deveriam ser as finalidades principais de seus programas: desenvolver no estudante potencial intelectual, capacidade analítica, julgamento e avaliação crítica, habilidade para resolver problemas, raciocínio crítico, abordagem criativa e inquiridora. O educador, no geral, não está pronto para se desconstruir e absorver conhecimentos de novas fontes. Está acostumado a ensinar do mesmo modo cartesiano com que aprendeu lá atrás. E, o pior, acostumou-se a achar que assim está certo. Nesse velho modelo, o professor fala, o aluno escuta, o professor dita, o aluno anota.

Sair dessa realidade para outra, em que o foco seja o ensino que visa não apenas ao progresso cognitivo dos alunos mas também à sua motivação e aos estados afetivos, requer certo esforço de vencer o próprio ego, ao reconhecer que há maneiras melhores de se comunicar.

---

10 MAMEDE, S.; PENAFORTE, J. (orgs.). *Aprendizagem baseada em problemas*: anatomia de uma nova abordagem educacional. Fortaleza: Hucitec, 2001

EXISTE UM NOVO SABER SOBRE COMO ENSINAR A INFLUENCIAR PESSOAS QUE ESTÁ DISPONÍVEL PARA TODOS.

OS PROFESSORES NÃO TÊM ACESSO ÀS INFORMAÇÕES E TÉCNICAS NECESSÁRIAS

A maior parte dos educadores e speakers não tem acesso às técnicas avançadas de moderação em pequenos grupos, como o PBL, ou mesmo em grandes audiências, como o TBL – *Team Based Learning*[11] –, nem há literaturas consistentes sobre o tema. Boa parte das capacitações docentes até cita esses tipos de abordagem educacional, mas, como já mencionei, não ensina "como" fazer.

OS CURSOS DE COMUNICAÇÃO E APRESENTAÇÃO TREINAM MAIS ANIMADORES DE PALCO DO QUE PROFISSIONAIS QUE DESEJAM SE COMUNICAR MELHOR

Outro problema é o abismo de quem trabalha em áreas muito técnicas com a literatura e o treinamento em comunicação. Cursos de oratória parecem

---

11 TBL é uma estratégia instrucional desenvolvida por Larry Michaelsen para cursos de Administração nos anos 1970 e que é direcionada a grandes classes de estudantes. A estratégia buscava criar oportunidades e obter os benefícios do trabalho em pequenos grupos de aprendizagem, de cinco a sete estudantes, que desempenhavam atividades profissionais no mesmo espaço físico (sala de aula). Pode ser usada também para grupos com mais de 100 estudantes e turmas menores, com até 25 alunos. Sua fundamentação teórica baseia-se no construtivismo, em que o professor se torna um facilitador para a aprendizagem, em um ambiente despido de autoritarismo e que privilegia a igualdade. As experiências e os conhecimentos prévios dos alunos devem ser evocados na busca da aprendizagem significativa. Nesse sentido, a resolução de problemas é parte importante no processo. Além disso, a vivência da aprendizagem e a consciência de seu processo (metacognição) são privilegiadas. Outra importante característica do construtivismo é a aprendizagem baseada no diálogo e na interação entre os alunos, contemplando as habilidades de comunicação e o trabalho colaborativo em equipes, o que será necessário ao futuro profissional e atende às diretrizes curriculares nacionais brasileiras. Finalmente, o TBL permite a reflexão do aluno na e sobre a prática, o que leva a mudanças de raciocínio prévio. MICHAELSEN, Larry K.; SWEET, Michael. The essential elements of team-based learning. *New Directions for Teaching and Learning*, n. 116, Winter 2008. Disponível em: www.interscience.wiley.com. DOI: 10.1002/tl.330. Acesso em: 24 fev. 2023.

estar muito mais voltados para criar um animador de palco – aquele cara que chega, faz gracinha, fala com desenvoltura –, do que para preparar pessoas que trabalham com comunicação científica, que têm formação robusta e que precisam comunicar muitos dados e conceitos complexos.

Hoje temos à disposição uma gama de conhecimentos capaz de formar novos educadores preparados para os desafios atuais. A Hermenêutica (técnica de argumentação), a Homilética (que treina os pares para usar a linguagem mais ancestral na apresentação), o Direito, a Filosofia, a Teologia, o Teatro são áreas que se valeram da oratória de maneira técnica.

Os profissionais de medicina e engenharia, por exemplo, não têm acesso a esses conhecimentos. Assim, quando se fala sobre a importância da oratória, eles automaticamente associam o comunicador ao animador de palco. Na área médica, complementando os exemplos anteriores, existem medicamentos e tratamentos cujo mecanismo de ação no corpo é muito complexo para explicar. Assim, falar a respeito exige técnica, didática e oratória.

Além disso, existe outro grande problema: quase invariavelmente o profissional se depara com a necessidade de usar imagens e dados, e, em geral, não tem a menor noção de como fazer isso de maneira harmônica e atrativa. Então, ele se senta em frente ao computador aberto no PowerPoint e vai inserindo tudo o que precisa mostrar. As consequências prováveis são: apresentação poluída com muita informação em um mesmo slide e pouco agradável aos olhos, falta de interesse do público e até desfechos mais graves como o que vou contar agora.

Em 2003, o ônibus espacial Columbia, da Nasa, teve um pequeno pedaço de espuma que se soltou do propulsor e acertou sua asa esquerda durante o lançamento. A Nasa precisava decidir com urgência o que deveria ser feito nessa situação. Os engenheiros estudaram o caso e criaram uma apresentação em PowerPoint com todas as informações técnicas, que cabiam em 28 slides. O problema é que a informação mais importante (provas de que o Columbia corria perigo) não estava destacada – não havia começo, meio e fim – e cada slide tinha seis níveis de tópicos e subtópicos, só para você ter uma ideia.[12]

---

12 SMITH, S. The cognitive style of PowerPoint. *The University of Edinburgh*. Disponível em: https://www.inf.ed.ac.uk/teaching/courses/pi/2016_2017/phil/tufte-powerpoint.pdf. Acesso em: 22 set. 2023

Diante dessa apresentação, os diretores da Nasa não conseguiram chegar a nenhuma conclusão e, portanto, nada fizeram a respeito. Doze dias depois, o ônibus espacial se desintegrou ao entrar na atmosfera terrestre e matou os sete astronautas a bordo. A comissão que investigou o caso apontou três causas para a tragédia: danos na asa do Columbia, erros da Nasa e a apresentação em si – para que as ideias coubessem nos slides, foram usadas abreviações que mudaram ou tiraram importância de algumas informações –, pontos primordiais estavam misturados a outros, e não foi chamada atenção para nada disso. A investigação do governo dos Estados Unidos concluiu que: "O uso endêmico do Power-Point ilustra bem os problemas de comunicação da Nasa".[13]

Meu objetivo com esta obra é que você não passe por situações desse tipo e que tenha acesso à formação em comunicação e oratória de maneira muito mais profunda e consistente – como, de fato, ela deve ser.

FALTAM TÉCNICAS PARA TRABALHO EM GRUPO E EM EQUIPE

Sem dúvida, o maior gargalo é a escassez de literatura em relação a como conduzir com maestria grupos de até 22 pessoas, mais especificamente de oito a dezesseis pessoas. Fala-se muito da importância do grupo e do trabalho em equipe, mas raramente são descritas técnicas práticas e que possam ser implementadas de modo simples.

Quando comecei a trabalhar com PBL, compreendi a Filosofia e entendi que eu deveria colocar as pessoas para interagirem, mas ninguém me ensinou "como". Fui atrás da técnica, que encontrei em raros livros e, com o tempo, fui desenvolvendo a minha metodologia para preencher essa lacuna.

---

13 GARATTONI, B. Como o PowerPoint ganhou um Oscar e um Nobel, explodiu o ônibus espacial, invadiu as correntes de e-mail e dominou o mundo. Superinteressante, 18 mar. 2011. Disponível em: https://super.abril.com.br/tecnologia/clique-para-adicionar-um-titulo. Acesso em: 22 set. 2023

Muitas vezes se ignora o fato de que precisamos saber lidar com pessoas. Não se trata apenas de informação teórica, não basta só chamá-las para uma reunião. Existe toda uma psicodinâmica envolvida, capaz de enxergar como as pessoas se comportam em grupo. Muito se fala sobre o universo intrapsíquico do ser humano, mas se negligencia que somos seres absolutamente relacionais. Sem desenvolver um senso acurado de "ler pessoas" é quase impossível liderar a discussão em um grupo disfuncional.

Muitos vão para uma reunião com um script nas mãos como se fosse um manual e não percebem que precisam "ler" o seu público, identificar as necessidades e as expectativas dele e buscar algum ponto de aproximação.

Para trabalhar com pessoas, é necessário praticar a visão do todo e a escuta empática. Quando se está discutindo com um grupo, é fundamental ter a certeza de que todos se sentem integrados e de que estão participando. O mediador deve ter essa preocupação.

Neste momento, é provável que você esteja ciente das possíveis causas que impedem a sua comunicação eficaz e os seus resultados. O que talvez nem passe pela sua cabeça é que existe um caminho.

05.

Comunique-se bem. A hora é agora!

Após abordarmos as principais causas de você não estar se comunicando bem e, consequentemente, não alcançar os resultados desejados na vida profissional, vamos entender como solucionar tudo isso. Nesta parte do livro, vou mostrar a importância de criar uma comunicação envolvente para reter a atenção do seu público em uma reunião, palestra ou aula.

Mas antes trago o case de um cliente para mostrar que é possível virar o jogo, mesmo não sendo um comunicador nato. Ricardo é médico reumatologista e professor universitário. Ele fazia apresentações em congressos e, por vezes, era convidado como speaker. Apesar de ser profissional renomado e reconhecido em sua área de atuação, ele não conseguia imprimir essa autoridade quando se apresentava e saía praticamente despercebido. Era acanhado, falava baixo e se mostrava bem desastrado nos momentos de interação.

Como muitas pessoas fazem ao longo da vida, Ricardo poderia ter se conformado com essa falta de habilidade em comunicação e, consequentemente, perdido inúmeras oportunidades. Contudo, ele nos procurou, treinou e aplicou a nossa técnica durante três anos. Ao final, o feedback dele foi o seguinte: "Eu não sou tão bom comunicador quanto a minha esposa, ela, sim, é uma professora nata. Mas depois que encontrei o meu tom, passei a falar melhor e a ser mais escutado. Fez muita diferença usar as técnicas de moderação, que me deram confiança e que me possibilitaram ter os grupos na mão. Hoje recebo muitos convites para novos projetos e o que me deixa mais realizado é ouvir que consigo passar as mensagens-chave de maneira natural e interativa. Agora sei que não nasci comunicador, mas que consegui me tornar um. Isso me trouxe muita realização pessoal, pois era um sonho que parecia intangível e, felizmente, eu estava errado".

Antes do treinamento, Ricardo era subvalorizado e tinha pouco espaço nos congressos. Hoje, ele é referência, e praticamente não existe um projeto no Brasil, dentro da sua área de atuação, no qual ele não seja chamado para palestrar.

Eu me emociono ao saber que, com o nosso método e agora com este livro, contribuímos para que, assim como o Ricardo, mais e mais pessoas possam mudar esse "destino", esse rótulo que vamos construindo ao longo da vida. Como na metáfora da lebre e da tartaruga, Ricardo era a tartaruga, ou seja, tinha menos condições físicas do que a lebre, mas conseguiu ganhar a corrida porque foi consistente, ao passo que a lebre se perdeu no próprio ego. Há muita gente que desempenha o papel da lebre: tem a capacidade natural de se comunicar, mas acaba perdendo espaço para aquelas pessoas que treinam e desenvolvem essa habilidade.

Se você se vê como a tartaruga dessa história, saiba que está no lugar certo e que não precisa se transformar em uma lebre para terminar a corrida bem. Para isso, a partir de agora, vou apresentar a você alguns recursos para conduzir a comunicação capaz de reter a atenção do seu público e de transmitir a sua mensagem em todas as oportunidades.

Para começar, é preciso que você tome ciência de algo que será aprofundado mais adiante. Trata-se de uma divisão esquemática de processos de ensino-aprendizagem: pedagogia (modelo clássico de educação), andragogia (modelo para educação de adultos e que se tornou muito popular no século passado) e heutagogia (modelo de uma trilha de aprendizagem única para cada indivíduo, de forma autônoma ou assistida, tendo dispositivos eletrônicos como principal recurso). Aliás, com a internet acessível a praticamente todas as pessoas, a influência e as oportunidades para palestrantes e professores que têm uma didática favorável só tendem a crescer. Em qualquer lugar do mundo, uma pessoa pode receber em casa os professores mais renomados e aprender diretamente com eles. Em pouco tempo, uma antiga arte – a de falar em público – ganhou alcance global e proporções cuja real dimensão ainda vamos descobrir.

Para você ter noção da abrangência que uma palestra pode alcançar, vejamos o modelo do TED Talks. Há quase quarenta anos, esse programa surgiu na Califórnia como uma conferência anual com palestrantes de **tecnologia**, **entretenimento** e **design**, por isso a sigla. Com o tempo, o programa abraçou todos os campos com palestras breves preparadas com todo o cuidado. Atualmente, as conferências TED, que têm como missão espalhar ideias poderosas, alcançam mais de 1 bilhão de visualizações por ano e são feitas sem fins lucrativos.[14]

Conforme Chris Anderson, presidente e curador-chefe do TED e autor do livro *TED Talks: o guia oficial do TED para falar em público*[15], quando olhamos nos olhos de um palestrante, prestamos atenção em seu tom de voz e percebemos sua vulnerabilidade, inteligência e paixão, exploramos qualificações inconscientes capazes de nos eletrizar, estimular e motivar. O mais interessante é a sua afirmação de que essas qualificações podem ser ensinadas. E se isso é possível, obviamente podem ser aprendidas, certo? Segundo Anderson, existe atualmente um novo superpoder: a competência comunicativa.

Antes de existirem os livros, essa competência comunicativa era chamada de retórica – a arte de falar com eficácia – e era parte essencial da educação de um indivíduo. Com o passar dos séculos, fomos deixando de aprender essa habilidade fundamental para nos desenvolvermos

14 ANDERSON, C. *Ted Talks*: o guia oficial do TED para falar em público. Rio de Janeiro: Intrínseca, 2016.

15 *Ibidem*.

como pessoas e como profissionais. O desafio hoje é reformular a retórica para a era moderna, ampliando as possibilidades do ser humano.

Existem algumas características comuns a todas as comunicações eficazes, aquelas que comunicam o que o palestrante ou líder deseja de modo leve e envolvente do início ao fim. Vamos falar sobre elas a seguir.

INTERATIVIDADE

Até pouco tempo atrás, a interatividade não era uma preocupação dos educadores e dos palestrantes. De um lado, ficava o comunicador, e, do outro, ficava o ouvinte. Não havia troca, a comunicação acontecia como uma via de mão única.

Atualmente, com tantas informações disponíveis ao mesmo tempo, um profissional que deseja se comunicar bem em uma apresentação não pode simplesmente exibir slides e achar que eles contêm a solução. Não. Ele precisa oferecer algo fora do padrão e vencer aquele velho esquema "eu falo, você escuta; eu dito, você anota". Hoje já temos informações suficientes que apontam que a aprendizagem não acontece desse modo.

Portanto, ao planejar a sua apresentação, pense em como você vai torná-la interativa de maneira estruturada. Muita gente diz que vai dar uma aula interativa, mas acaba caindo na armadilha de uma aula de vinte minutos com dez minutos para perguntas e respostas, por exemplo. Na prática, se você se lembrar das apresentações das quais participou como ouvinte ou como palestrante, vai confirmar que raramente esse tempo de perguntas e respostas é respeitado. O que ocorre é: a pessoa chega, dá uma "palestrinha", o público faz algumas perguntas e ela reforça o seu ego. Na verdade, esse palestrante ou professor continua dentro da caixa dando uma aula tradicional, sem interação.

Qual é a solução, então? Em primeiro lugar, pensar de maneira ativa, planejada e consciente sobre os momentos interativos. É preciso definir qual é o seu objetivo estratégico, aonde quer chegar com essa aula. O objetivo de aprendizagem é útil para qualquer situação: está em uma empresa e quer convencer outro departamento; está com sua equipe e quer mostrar o resultado de um trabalho; é um professor e espera que seus alunos tenham bom desempenho nas provas; é profissional liberal e deseja que comprem seu produto ou solução após sua apresentação.

Depois de explicar a matéria ou expor o seu conteúdo, você instiga o grupo a discutir e provoca a reflexão, levando-o rumo aos objetivos de aprendizagem preestabelecidos. Ao chegarem à aquisição desses objetivos, os participantes estão preparados para uma ação concreta, ou seja, adotar um novo comportamento na prática, a mudança esperada que você tanto planejou.

Também é importante conhecer ao máximo, em detalhes, as pessoas que farão parte do seu público. Eu, por exemplo, antes de realizar uma palestra, costumo pedir à organização do evento uma planilha com os nomes dos participantes, como eles se comportam em relação ao tema, se existe alguém com um comportamento mais disfuncional, se há alguém mais vaidoso ou mais tímido.

Outro ponto crucial é escolher o formato da sua atividade conforme o número de pessoas que compõem o seu público. Por exemplo, para se comunicar com pequenos grupos, de oito a dezesseis pessoas, a apresentação deve caminhar para determinado lado. De dezesseis a 22 pessoas, devem ser considerados outros aspectos. Até 80 pessoas, a apresentação também se modifica, e até 150 você chega a um limite; acima disso, outra abordagem é necessária. No capítulo 8 vamos detalhar esses grupos e sugerir abordagens para cada tamanho.

Essa visão estratégica e esse planejamento são indicados como base para todo tipo de comunicação, desde a conversa face a face com uma única pessoa até a comunicação digital que pode ter o alcance de milhões de pessoas. A propósito, esses serão assuntos dos meus próximos dois livros dentro desta trilogia sobre "um novo jeito de ensinar e influenciar pessoas". No volume 2, abordaremos a questão da comunicação um a um inspirada no modelo de comunicação dos médicos que "olham nos olhos". Já o volume 3 vai ensinar como utilizar diferentes tecnologias, incluindo as redes sociais, para comunicação em escala.

DIDÁTICA ENVOLVENTE

De modo geral, a didática, ou seja, a capacidade de falar de maneira clara e objetiva, ter um pensamento concatenado e uma postura de segurança, determina o sucesso da sua apresentação. A didática envolvente inclui uma série de itens que precisamos conhecer para, em um segundo momento, treiná-los.

Nesses itens estão inclusos os elementos verbais, os não verbais e os paraverbais (voz). Os elementos verbais, incluindo a lógica, compõem a arte de contar histórias (storytelling) e partem da construção cuidadosa de um bom roteiro. Aliás, o segredo de grandes palestrantes ou executivos de empresas que precisam fazer uma apresentação "matadora" é contratar agências com bons roteiristas e investir nos recursos audiovisuais, com designer gráfico profissional para preparação dos slides, além de produtores de vídeos que fazem conteúdos personalizados de alta qualidade.

Em contrapartida, percebo que, cada vez mais, apresentações genuínas construídas com cuidado pelo próprio comunicador têm efeito poderoso quando há consistência e genuinidade. Por conta disso, recomendo que você utilize sempre essa ferramenta de roteirização, inspirada no segredo dos roteiristas, que é a criação de um *storyboard*, ferramenta útil para ajudar o comunicador a preparar aulas e apresentações. É bem simples, basta criar uma tabela (conforme exemplo da Tabela 1, na sequência) com três colunas: uma à esquerda, com o tempo total da atividade subdividido em minutos; uma no meio, com os recursos audiovisuais, ou seja, as imagens que você vai usar, incluindo os slides e vídeos; e uma à direita, com o texto que será falado (a ideia não é decorar a fala, mas ter um script para cada momento do discurso).

TABELA 1: *STORYBOARD* PARA DIDÁTICA AVANÇADA

TEMPO EM MINUTOS	RECURSOS AUDIOVISUAIS	TEXTO
1	slide 1	fala 1
2	vídeo 2	reflexão
3	slide 3	fala 2
4	slide 4	fala 3

É IMPORTANTE CONHECER
AO MÁXIMO, EM DETALHES,
AS PESSOAS QUE FARÃO
PARTE DO SEU PÚBLICO.

O aspecto paraverbal (voz) será abordado mais adiante neste livro. Para começar a tratar do aspecto não verbal, é imprescindível a leitura do livro *O corpo fala*.[16] Os autores e educadores Pierre Weil e Roland Tompakow dividem o corpo humano em três partes: cabeça, tórax e abdome. A cabeça é a águia, ou seja, a razão, o estado de controle do corpo pela mente. Quando a cabeça está erguida, significa bom controle mental. Cabeça baixa significa que o indivíduo é controlado pelos estímulos externos. E a cabeça em posição neutra indica controle equilibrado da mente.

A segunda parte é o tórax, onde está o coração, representado pelo leão, a emoção. É considerado o centro do "eu" por especialistas em expressão corporal, principalmente coreógrafos. Desse modo, quando a pessoa tem uma postura de preponderância do tórax, estamos diante de uma preponderância do "eu". São pessoas vaidosas, egocêntricas e extremamente narcisistas ou que desejam se impor naquele momento. Quando o tórax está encolhido, significa que a pessoa tem o "eu" diminuído, é tímida, submissa, retraída ou que naquele momento se sente dominada pela situação. Um tórax em postura neutra significa um "eu" em equilíbrio.

E o abdome, por sua vez, é o boi, o instinto. Quando o boi se sobressai na nossa expressão corporal, a pessoa avança o abdome, o que geralmente ocorre com aqueles que apreciam boas refeições, que se sentam à vontade diante de uma farta mesa de jantar. Imagine o efeito simbólico que uma projeção inadequada da barriga tem diante de um público importante para seus objetivos estratégicos. É algo que pode ser fatal.

Essa lógica de dividir o corpo em três partes é extremamente útil para o desenvolvimento da consciência corporal. Podemos também enriquecer esse simbolismo ao recorrermos a uma teoria neurocientífica que acabou caindo por terra, mas que serve como elemento didático valioso no treinamento de voz e corpo. Trata-se da teoria do cérebro trino, do neurocientista Paul MacLean, que divide o funcionamento do cérebro humano em razão, para isso temos o córtex – a camada mais superficial do cérebro –, que engloba: processos de pensamento,

---

16 WEIL, P.; TOMPAKOW, R. *O corpo fala*. São Paulo: Vozes, 2017.

capacidade de escolher, tomada de decisões e solução de problemas; emoção, que seria processada abaixo do córtex, no chamado sistema límbico, e abrange: amor materno, vínculo social, ciúme, medo e raiva (algo presente em outros mamíferos); e finalmente o instinto, expresso graças às estruturas mais profundas do chamado cérebro reptiliano, presentes na evolução animal desde a época dos répteis, que engloba: controle de temperatura, controle hormonal, controle de frequência cardíaca, fome, sede e respiração.

Então, quando você analisa o corpo dessa maneira: razão (córtex – cabeça), emoção (subcórtex – tronco) e instinto (abdome – sistemas cerebrais profundos), tem algo em que se basear no processo de comunicação, usando o corpo a seu favor, e "ler" o outro observando esses três parâmetros. Esse é um dos segredos dos bons comunicadores, que têm alta consciência corporal e percepção acurada dos interlocutores. Portanto, as habilidades em comunicação podem ser treinadas e potencializadas pelo conhecimento a respeito de como o corpo fala e de como o cérebro funciona. Tenha cuidado, no entanto, com o mito de que se trata de um dom e que você não pode lutar contra a sua natureza. Isso se chama "bloqueio mental", e eu recomendo muito a leitura do livro *Um "toc" na cuca: técnicas para quem quer ter mais criatividade na vida*, de Roger Von Oech.[17] Nessa obra, o autor deixa claro que determinadas habilidades, mais especificamente a criatividade, podem ser desenvolvidas com mente aberta e dedicação. Eis o caminho para chegar à tão sonhada didática envolvente.

PASSOS PARA CRIAR UMA COMUNICAÇÃO EFICAZ

Depois de apresentar as características comuns das apresentações de sucesso, vou mostrar agora o passo a passo resumido de como desenvolver uma comunicação eficaz.

---

17 VON OECH, Roger. *Um "toc" na cuca: técnicas para quem quer ter mais criatividade na vida*. São Paulo: De Cultura, 1988.

CONHEÇA A SI MESMO E PEÇA FEEDBACK ÀS PESSOAS

Tudo começa com uma autoavaliação. É fundamental que você identifique seu estilo de comunicação, coerente com a sua personalidade, e se expresse com naturalidade. Para isso, permita que seus colegas o avaliem de maneira estruturada no mundo real. Na prática, tenha sempre um checklist em mãos e peça a alguém de confiança que o preencha enquanto observa como você se comunica no ambiente profissional.

SEJA ESTRATÉGICO, PLANEJE

Tudo em comunicação diz respeito à estratégia. A construção de qualquer narrativa começa com uma análise profunda do comportamento das pessoas envolvidas no processo. Toda vez que assumo um projeto de consultoria, por exemplo, levo em torno de quatro a seis semanas somente estudando. Depois vou traçando cenários e tendências e só então, junto com o cliente, concluo o que chamamos de problematização.

Ao planejar a sua comunicação, você ganha segurança, previne eventuais problemas e, consequentemente, aumenta as suas chances de sucesso. Por isso, convido você a refletir sobre estes pontos antes de criar a sua apresentação:

- Qual é o nível de conhecimento do seu público? Ou será um público desconhecido?
- É possível conhecer e segmentar sua audiência por meio de exercícios de definição de persona: 3 a 5 arquétipos do seu público-alvo que representem os principais subtipos em termos de crenças e comportamento?
- O que deseja que seus principais tipos de persona sintam, pensem e façam depois da sua comunicação?
- Quais as "dores" das suas principais personas que você pode resolver?
- Existem gargalos já mapeados? Algum tipo de conflito já foi identificado?
- Qual é o formato que pretende utilizar?

Considerando essas questões, você pode criar um roteiro usando conceitos de storytelling e da Jornada do Herói, sobre os quais ainda vou falar com detalhes mais adiante. Desse modo, você cria condições de mudar o comportamento humano pela influência no processo de ensino-aprendizagem.

PREPARE

O planejamento dá a base para você preparar a sua comunicação. O grande erro dos amadores é não preparar um bom roteiro articulado com os materiais que serão utilizados. Esses materiais podem até ser slides, mas a arte de cuidar de cada detalhe vai muito além de simplesmente juntar um amontoado de slides. Eu sempre utilizo outros recursos, principalmente em ambiente digital, onde prender a atenção é extremamente desafiador. Uma estratégia vitoriosa durante atividades on-line, em que as pessoas se distraem muito facilmente checando aplicativos de mensagens ou e-mails, é compartilhar um arquivo em tempo real, por exemplo, um deck de slides ou um e-book, e provocar a reflexão dos participantes. Na prática, é possível usar a maioria das habilidades de comunicação (verbal, paraverbal – voz – e não verbal) tanto no ambiente físico como no digital, desde que respeitadas as nuances dessas condições, que podem ser completamente diferentes, dependendo do contexto. Por outro lado, recursos tecnológicos de interação funcionam muito bem tanto em ambiente virtual de aprendizagem (AVA) como em ambiente presencial. A partir daí, pense nos seguintes pontos:

- Quais são seus objetivos de aprendizagem?
- Você vai atingi-los de maneira expositiva e interativa?
- Que tipo de abordagem vai utilizar? Para pequenos ou grandes grupos? Será uma apresentação síncrona – ao vivo, com todos na mesma sala virtual interagindo – ou assíncrona – formato de aula on-line pré-gravada?

Fique atento aos principais conceitos de como mudar o comportamento humano pela educação, alavancada pela influência, que parte de uma boa preparação da experiência que as pessoas terão durante sua comunicação.

PERFORMANCE

Em pequenos grupos, promova a interatividade de maneira estruturada, como explicado anteriormente, o que não é uma tarefa fácil, mas, com as técnicas corretas, você tem todas as condições de conseguir esse feito. Aqui vou dar apenas uma das técnicas mais importantes e originais que criamos, o "carômetro". Trata-se de desenhar um croqui da sala, muitas vezes em formato de U, e logo na abertura pedir às pessoas que se apresentem.

Peça à pessoa que o esteja ajudando com o suporte que escreva o nome das pessoas conforme elas se sentam à mesa. Coloque esse "mapa" na sua frente e, de modo sutil, sem que ninguém perceba, vá chamando as pessoas pelo nome, sempre olhando nos olhos delas. O efeito disso é surreal, principalmente porque as que participam pouco, por timidez ou por se sentirem intimidadas, passam a se sentir pertencentes. Está aí a chave que vai ajudar você a atingir seus objetivos estratégicos.

EXPLORE A QUESTÃO VISUAL DE MANEIRA INTELIGENTE

Já para grandes audiências, além do que abordamos neste capítulo, é fundamental saber lidar com as imagens e com o design gráfico nas suas apresentações. Dr. Lorenzo Tomé, exímio comunicador, acabou criando um negócio próspero com seu podcast, o Saúde Digital, porque elaborou um evento em que os convidados eram proibidos de utilizar slides e, naturalmente, começaram a se comunicar melhor. Steve Jobs também fez algo parecido quando retornou à Apple, depois de muito tempo afastado da empresa que criou. É quase uma lenda quando ele convocava os times para apresentar os projetos em que estavam envolvidos e ficava furioso quando alguém aparecia com um kit de slides.

Uma coisa que deve ficar clara é que os slides não podem ser o centro das atenções na sua comunicação. Eles devem funcionar necessariamente como um instrumento para que você execute seu roteiro e passe a sua mensagem, além de ser um recurso valiosíssimo, afinal, o ser humano tem três estilos de aprendizado: sinestésico, auditivo e visual, e este último, sem dúvida, é o perfil mais comum, tanto que um terço do nosso cérebro corresponde ao córtex visual. Por isso, utilize-os com sabedoria, use recursos visuais interessantes e fique longe de slides enfadonhos e cheios de informações. Mais adiante, vou abordar alguns recursos visuais que você pode utilizar.

Se você seguir essas diretrizes e ainda respeitar o seu tempo, construirá uma comunicação inesquecível. Se você for empresário, os investidores vão se interessar pela sua empresa. Se for gestor de marketing, a equipe e seus superiores vão gostar do plano apresentado. Se for professor, você vai mudar o jogo. Se você for um speaker então, as portas literalmente se abrirão. Você vai conseguir o que tanto deseja: ser reconhecido, respeitado, valorizado, ter o que merece como comunicador e profissional.

Fico me perguntando: será que isso fez sentido para você? Nos próximos capítulos, você verá que muita gente dessas profissões conseguiu mudar a própria história.

06.

Autoavaliação e mentoria de pares

Entendo que o profissional que deseja desenvolver habilidades de comunicação precisa, sobretudo, ter clareza da sua capacidade e entender o seu estilo de comunicação, afinal, cada pessoa tem uma personalidade diferente. Como se faz isso? Em primeiro lugar, é necessário se aprofundar em uma jornada de autoconhecimento, para que você tenha clareza das suas potencialidades e dificuldades como comunicador, e, posteriormente, encontrar o seu arquétipo da comunicação. Com isso, terá um panorama das suas habilidades e do seu perfil como comunicador.

Para embarcar nessa jornada de autoconhecimento, é necessário que você faça primeiro um autoteste de múltipla escolha. O objetivo do Autoteste Synapse é quantificar e classificar em qual nível de comunicação você está: comunicador básico, comunicador Sirius, comunicador Arcturus e comunicador Antares, que é o nível mais alto. A inspiração para esses nomes veio de três estrelas existentes na constelação e a ordem decorre de seus respectivos tamanhos, quando comparadas umas às outras: a Sirius é a menor das três, a Arcturus é maior que a Sirius e a Antares é a maior delas. Posteriormente, você deverá preencher o Formulário Aristotélico de Comunicação (ele será essencial como instrumento de acompanhamento do seu desenvolvimento). Por fim, identificará seu Arquétipo Junguiano da Comunicação, com base na teoria do psiquiatra suíço Carl Gustav Jung, em termos de estilo pessoal.

A partir desse diagnóstico, é interessante que você obtenha um feedback estruturado de uma pessoa externa em relação a suas habilidades de comunicação. Assim, você terá uma visão macro, não se limitando apenas à sua autoavaliação. A seguir, vamos estudar isso mais a fundo.

AUTOAVALIAÇÃO

Para conseguirmos desenvolver novas competências e habilidades, é necessário que saibamos de maneira clara e concisa em que nível estamos atualmente, afinal, como vamos melhorar se não tivermos parâmetros? A busca pelo autoconhecimento é uma grande jornada por vezes difícil e conturbada. Podemos definir autoconhecimento como o processo interno que, de maneira crítica e reflexiva, visa encontrar inclinações, sentimentos, aspirações e habilidades que o sujeito tem.[18]

Com o objetivo de tornar esse processo de autoconhecimento mais efetivo, a humanidade, por anos, desenvolveu instrumentos que visam avaliar e quantificar diversos parâmetros dos indivíduos, como atenção, memória, inteligência e personalidade.

---

[18] O QUE é autoconhecimento e por que ele é tão importante? *UniAcademia*, 10 jun. 2021. Disponível em: https://www.uniacademia.edu.br/blog/o-que-e-autoconhecimento#:~:text=O%20 autoconhecimento%2C%20como%20a%20pr%C3%B3pria,os%20sentimentos%20vivenciados%20 por%20ela. Acesso em: 2 fev. 2023.

Atualmente, uma maneira consolidada e largamente utilizada é o teste de avaliação de perfil chamado DISC, desenvolvido com base nos estudos do psicólogo estadunidense William Moulton Marston, na década de 1920, que trata da relação entre comportamento humano e emoções. O teste avalia o sujeito em quatro domínios distintos: Dominância (vermelho), Influência (amarelo), Estabilidade (verde) e Cautela (azul). Vale ressaltar que os perfis têm características específicas que não tornam um melhor do que o outro, mas apenas diferente.[19] É importante destacar também que uma startup brasileira chamada Sólides[20] desenvolveu uma segmentação ainda mais precisa para o Brasil, levando em conta as peculiaridades da população brasileira.

Particularmente, desenvolvi uma classificação de quatro níveis de comunicação em termos de capacidade de moderação de pequenos grupos e de conduzir grandes audiências.

A mais alta, o nível 1, denominei Antares. Esse nível compreende aquele indivíduo que domina a arte da retórica, tem uma didática envolvente e consegue moderar com maestria. Tem habilidades de gestão do tempo e maneja bem os conflitos. Sua criatividade e inovação fazem com que sua fala seja sempre muito aguardada e respeitada. É um influenciador de pessoas cujas habilidades são admiradas por todos.

No nível 2 – Arcturus –, o comunicador também apresenta boa oratória e fala bem para grandes públicos. Suas habilidades de comunicação, apesar de boas, por vezes não são eficazes com públicos de alguns nichos mais desafiadores. Tem grandes habilidades de moderação, consegue intermediar e levar o grupo a reflexões complexas e profundas. Em alguns momentos, a gestão do tempo e de pessoas acaba fugindo do seu controle.

---

19 CLEAVER, D. *The history of DISC: where it all began*. 2017. Disponível em: https://www.discprofile.com/blog/2017/03/the-history-of-disc-where-it-all-began/. Acesso em: 3 mar. 2023.

20 METODOLOGIA DISC: o que é, como aplicar e importância. *Sólides*, 5 maio 2023. Disponível em: https://blog.solides.com.br/metodologia-disc/. Acesso em: 3 mar. 2023.

No nível 3 – Sirius –, o comunicador tem conhecimentos sobre moderação, mas acaba não os utilizando por falta de domínio ou por insegurança. Sua oratória por vezes é boa, mas não cativa nem prende a atenção das pessoas. Em alguns momentos, não consegue passar a mensagem com clareza.

No nível 4 está o Comunicador Básico, este não conhece técnicas de comunicação e também não sabe quais competências um moderador deve ter. Sua comunicação é suficiente para passar a mensagem ao grupo específico, porém tem dificuldade em replicá-la para outros nichos. Recorre sempre aos slides, pois não sente confiança plena nas suas habilidades. Ao moderar um grupo, acaba sendo muito reativo e responde aos estímulos de maneira impulsiva, utilizando pouco seu córtex pré-frontal.

Com base nesses quatro níveis, desenvolvemos alguns instrumentos de avaliação que, combinados, conseguem dar um panorama claro do nível e do estilo de comunicação. Para fazer isso de maneira consistente, pedimos ajuda a psicometristas – psicólogos especializados em fazer instrumentos de avaliação. Em conjunto, criamos três ferramentas de autoavaliação utilizadas na Synapse:

1. Instrumento de Avaliação de Domínios de Comunicação.
2. Formulário Avaliação do Comunicador inspirado em Aristóteles.
3. Arquétipos da Comunicação livremente inspirados em Carl Jung.

A seguir, explico melhor essas três ferramentas.

TABELA 2: AUTOTESTE SYNAPSE – INSTRUMENTO DE AVALIAÇÃO DE DOMÍNIOS DE COMUNICAÇÃO

Para saber seus níveis de comunicação, você deve ler as frases e assinalar com X conforme apresentado. Lembre-se de que não há certo ou errado, apenas queremos saber quem você representa neste momento. Para isso, sinalize para cada item quanto você concorda ou não com ele.

Concordo completamente (1 ponto), Concordo parcialmente (2 pontos), Nem discordo, nem concordo (3 pontos), Discordo parcialmente (4 pontos), Discordo completamente (5 pontos).

1	Minhas introduções prendem a atenção do público.
2	Eu me organizo escrevendo todas as minhas ideias e, depois disso, construo minha apresentação.
3	Consigo entender bem as necessidades do meu público.
4	Vejo que minha apresentação tem um ponto central firme.
5	Retorno aos pontos apresentados na introdução quando chego à conclusão.
6	Tenho muito cuidado e carinho ao desenvolver uma apresentação.
7	Sempre ensaio minhas apresentações com antecedência.
8	Minhas apresentações seguem uma estrutura que facilita a compreensão.
9	Meu nervosismo não atrapalha a realização das apresentações.
10	Tenho pleno controle e atenção do público.
11	Meus gestos, durante as apresentações, facilitam a compreensão do conteúdo.
12	Sou muito carismático(a) e sei envolver o público.
13	Consigo me soltar durante as minhas apresentações.
14	Olho e envolvo minha audiência nas apresentações.
15	Sou muito convincente nas minhas apresentações.
16	Eu checo o espaço e os equipamentos necessários com antecedência.
17	Eu sempre tenho um Plano B, caso algo dê errado.
18	Consigo improvisar e contornar qualquer problema que possa surgir.

CONCORDO COMPLETA-MENTE	CONCORDO PARCIAL-MENTE	NEM DISCORDO, NEM CONCORDO	DISCORDO PARCIAL-MENTE	DISCORDO COMPLETA-MENTE
1	2	3	4	5
1	2	3	4	5
1	2	3	4	5
1	2	3	4	5
1	2	3	4	5
1	2	3	4	5
1	2	3	4	5
1	2	3	4	5
1	2	3	4	5
1	2	3	4	5
1	2	3	4	5
1	2	3	4	5
1	2	3	4	5
1	2	3	4	5
1	2	3	4	5
1	2	3	4	5
1	2	3	4	5
1	2	3	4	5

Para a avaliação, você vai somar todos os pontos e ter um valor total. Com base no seu valor total, você conseguirá identificar qual é o seu nível de comunicação.

TOTAL DE PONTOS

4. Comunicador Básico – até **70** pontos.
3. Comunicador Sirius – entre **69** e **49** pontos.
2. Comunicador Arcturus – entre **48** e **28** pontos.
1. Comunicador Antares – entre **27** e **18** pontos.

Após identificar que tipo de comunicador você é em relação ao domínio da comunicação, o próximo passo é avaliar a sua comunicação em relação ao Ethos, Pathos e Logos, por meio do formulário inspirado em Aristóteles.

FORMULÁRIO ARISTOTÉLICO DE COMUNICAÇÃO

Os indicadores de performance da Synapse correspondem a um modo de autoavaliação para desenvolver a metacognição sobre o processo de ensinar. Como inspiração, ele segue a base proposta por Aristóteles, que sugere que todo comunicador precisa ter e desenvolver o Ethos, o Pathos e o Logos.

Na Grécia, as pessoas apreciavam tanto a oratória que surgiu entre elas um grupo que dizia o seguinte: "O que importa é como você fala, não o que você fala ou quem fala". Platão surge como um crítico ferrenho a essa ideia, afirmando: "Não, o orador é formador de opinião e o que ele fala é importante para a comunidade". Aristóteles equilibra essa equação dizendo que três coisas são importantes: o Ethos, que é relativo ao comunicador; o Pathos, que se refere ao estado emocional da audiência; e o Logos, que está relacionado à própria mensagem.[21] A seguir vou explicar cada um deles.

---

21 ARISTÓTELES. *Retórica*. Tradução de Manuel Alexandre Júnior. São Paulo: Martins Fontes, 2009.

A BUSCA PELO AUTOCONHECIMENTO É UMA GRANDE JORNADA POR VEZES DIFÍCIL E CONTURBADA.

- Ethos – a natureza do comunicador: didática, expertise, credibilidade, atração social (empatia, carisma e similaridade);
- Pathos – o estado emocional da audiência: interesse sobre o assunto (grau de reflexão), conexão com o comunicador, clima (energia do ambiente);
- Logos – o argumento da mensagem: contextualizada, lógica, consistente.

Sobre o Ethos, avaliamos os seguintes itens:

1. Didática: se a pessoa consegue falar pausadamente, clara, objetiva, concatenando as ideias de maneira confiável e confiante, mas não ameaçadora.
2. Expertise: se a pessoa não tem expertise no tema, não é a capacidade de comunicação que vai mudar essa situação. Você não precisa ser doutor em História para ter expertise; pode ser um aluno de História, mas, ao ser convidado para falar sobre determinado tema, precisa se dedicar a ele, estudá-lo, fazer uma revisão de literatura. De modo geral, hoje em dia, as pessoas preferem uma aula ruim de um expert do que uma aula boa de alguém que é superficial ou considerado um "sambarilove".
3. Credibilidade: o indivíduo que hoje responde A e amanhã B à mesma pergunta, conforme "toca a banda", perde completamente a credibilidade. A pessoa se comunica bem quando o outro percebe que ela domina determinado assunto e tem sabedoria para passá-lo adiante.
4. Atração social: aqui há alguns pontos a serem considerados: empatia, carisma e similaridade, conforme abaixo:
   - Empatia. A pessoa consegue ver a turma pelo olhar de quem faz parte dela. É o contrário de dar a mesma aula para todo mundo, como muitos professores ainda fazem. Você pode ter o mesmo tema, mas a sua audiência varia.
   - Carisma: essa talvez seja uma das coisas mais difíceis de obter. Carisma depende muito do seguinte: usar a própria

personalidade, ser quem você é. Para a definição do carisma e perfil de comunicação, recomendo fazer a autoavaliação dos Arquétipos da Comunicação, que é o próximo instrumento de avaliação, pois cada pessoa tem uma personalidade. Isso é importante para definir a sua voz e o seu estilo de comunicação. Se você é mais tímido, mais fechado, deve dar aula ou apresentar-se dessa maneira, ou seja, usando o próprio estilo. Não queira ser quem você não é.

- Similaridade: é o que chamamos de congruência social. Se vou ministrar uma aula em um congresso importante, espera-se que eu use gravata. Se vou a uma escola palestrar, espera-se que eu use um traje mais informal. Na similaridade, também se inclui o uso do linguajar. Por exemplo, no mundo do marketing se diz: "Faz um FUP (*follow up*) no cliente", ou, no mundo da educação: "Qual é o ROI (retorno sobre o investimento) da atividade?", ou, ainda, no mundo dos negócios: "Você fez um *benchmarking*?". As pessoas que não fazem parte dessas áreas provavelmente não entenderão nada. Você deve adequar a linguagem para ter congruência e similaridade com o que fala e com quem fala.

Sobre o Logos, o argumento da mensagem, avaliamos o seguinte:

Você é capaz de capturar a dor da sua audiência? O que é valor para seu público? O que ele quer? Para fazer um bom Logos, contar uma boa história, você precisa saber dessa dor ou dessas dores. Nem sempre é possível obter isso de maneira óbvia; nesse caso, é necessário investigar.

Quando fazer isso? Se for uma palestra corporativa, você pega o briefing com o cliente. Se for um projeto para pequenos grupos que uma empresa patrocina, você pede o perfil para a empresa. Se você é professor de uma faculdade, peça o perfil dos alunos ao professor anterior ou ao coordenador do curso. Se você vai fazer uma reunião corporativa, levante por redes sociais profissionais ou com os seus colegas o perfil de cada participante.

Com essas dores mapeadas, você pensa na mensagem que vai transmitir. Aqui entra a arte de criar um roteiro. Um bom roteiro precisa ter lógica, conteúdo consistente, e tudo deve ser muito contextualizado. É preciso descobrir a linha mestra da história que você quer contar.

Conheço um professor de uma universidade pública que decidiu fazer uma prova para professor titular. Nessa prova, a pessoa precisa criar um memorial. Às 7 horas da manhã, toca um sino, você deposita o memorial e, ao longo do dia, tem um momento para defendê-lo. Ele veio até mim e mostrou a aula que havia preparado. Falei para ele: "Amigo, você fez coisas demais na vida. O seu memorial está ótimo, mas não estou vendo uma linha mestra. A impressão é de que você fez muita coisa, mas não teve um foco. E sei que isso não é verdade".

Descobrimos, juntos, que ele tinha um foco, que era o de desenvolver pessoas. Quando encontramos essa linha da narrativa, organizamos toda a apresentação, todo o roteiro, seguindo essa linha. Pegamos um aviãozinho de papel que saiu de um ponto, foi dando voltas, mas chegava ao lugar. Enfim, ele encantou a banca e foi aprovado como professor titular.

Sobre o Pathos, o estado emocional da audiência, avaliamos os seguintes itens:

1. O bom orador tem muita sensibilidade para ler o ambiente. A primeira coisa que ele deve fazer é tentar garantir um bom clima, que a energia do ambiente esteja como ele imagina. Às vezes acontece de eu ter que fazer uma apresentação em um ambiente carregado. Há um vídeo que uso para encerrar algumas apresentações e, no final, 60% das pessoas choram. Esse choro, porém, é necessário para sensibilizar as pessoas de que estamos diante de um problema complexo e precisamos agir. Em outro evento, fiz um *Design Thinking* e um game para descobrir o grupo vencedor. O clima foi levíssimo e todas as pessoas riam, quando entrou um gato no meio da sala, algo inusitado que acabou gerando mais descontração.

É PRECISO DESCOBRIR A LINHA MESTRA DA HISTÓRIA QUE VOCÊ QUER CONTAR.

2. Conexão com o outro. Mesmo ao falar para uma grande audiência, você sente quando está conectado ou não com o público. O comunicador mais ingênuo sobe no palco e sai despejando a aula. O bom comunicador, não, ele sente aquela troca de energia, o *rapport*, a sensação de falar e ser ouvido. Aprendi a importância da conexão dando aulas em cursinho, como contei lá na Introdução. Hoje, no método Synapse, esse é um item muito caro, por isso chamamos as pessoas pelo nome.

3. Fazer uma variação tonal da emoção, ou seja, ora fazer rir, ora causar surpresa, ora provocar espanto. Quando preparo uma apresentação, roteirizo uma montanha-russa. A plateia nunca está neutra. Em alguns momentos, está energizada, e, em outros, reflexiva, mas ela tem de viver uma experiência emocional o tempo todo.

4. Provocar reflexão sobre o assunto (grau de interesse). Um bom palestrante ou um bom líder em uma reunião tem uma ferramenta bem simples para medir o grau de interesse do público: se as pessoas estão olhando para o celular. Se elas estão manuseando o telefone, o problema é seu, que não está conseguindo provocar o interesse delas.

Agora que você conhece os conceitos, faça uma reflexão, tenha em mãos o formulário a seguir e se autoavalie (ou solicite isso a um par).

FIGURA 1: FORMULÁRIO ARISTOTÉLICO DE COMUNICAÇÃO

Cada quesito a seguir vale 10 pontos, somando um total de 100 pontos.

ETHOS: A NATUREZA DO COMUNICADOR

Didática _____ pts
Expertise _____ pts
Credibilidade _____ pts
Atração social (empatia, carisma e similaridade) _____ pts
Subtotal _____ pts

LOGOS: O ARGUMENTO DA MENSAGEM

Contextualizada _____ pts
Lógica _____ pts
Consistente _____ pts
Subtotal _____ pts

PATHOS: O ESTADO EMOCIONAL DA AUDIÊNCIA

Interesse sobre o assunto (grau de reflexão) _____ pts
Conexão com o comunicador _____ pts
Clima (energia do ambiente) _____ pts
Subtotal _____ pts

Total _____ pts

ARQUÉTIPO JUNGUIANO DE COMUNICAÇÃO

Após a autoavaliação nesses dois instrumentos, Autoteste Synapse e Formulário Aristotélico, é fundamental aprofundar-se no autoconhecimento e identificar algo muito poderoso: os Arquétipos de Jung em termos de estilo pessoal. Arquétipo é um conceito da Psicologia Analítica utilizado para representar padrões de comportamento associados a um símbolo ou representação social presentes em todos os indivíduos e culturas. Esse conceito foi desenvolvido por Carl Gustav Jung, psiquiatra suíço e fundador da Psicologia Analítica.[22]

---

22 JUNG, C. G.*Os arquétipos e o inconsciente coletivo.* Petrópolis: Vozes, 1991.

Jung desenvolveu a sua teoria da personalidade dividindo a psique humana em três instâncias: o consciente, que contempla suas experiências perceptíveis; o inconsciente pessoal, onde ficam guardadas suas experiências reprimidas; e, por fim, e mais importante, o inconsciente coletivo, que é formado por representações e símbolos passados de geração para geração, que ele denominou arquétipos.

Para Jung, os indivíduos compartilham de um "banco de dados" presente no inconsciente coletivo e, por isso, são percebidos de maneira similar por todos. Ele dizia que os arquétipos são uma herança psicológica, isto é, resultam das experiências de milhares de gerações de seres humanos no enfrentamento das situações cotidianas. As imagens dos arquétipos são encontradas em mitos, nas lendas, na literatura, nos filmes, nos sonhos e até mesmo na comunicação. Também são utilizadas na publicidade. Essas representações nos conectam com o conteúdo e ativam o nosso inconsciente coletivo.

Com base no conceito de Jung, desenvolvemos uma classificação própria inspirada nos 12 arquétipos que simbolizam a maneira de se comunicar e conectar com seu público, tendo em vista as características de cada comunicador. Um indivíduo pode manifestar diversos arquétipos da comunicação em sua personalidade, mas geralmente um deles é predominante. Vale ressaltar que, para a identificação de seu arquétipo, você deve ter certo grau de habilidade de comunicação, ou se comunicar com frequência, como é o caso de um professor. Caso você não esteja enquadrado nesse contexto, está em um nível que denominamos Comunicação Robótica, ou seja, não tem um estilo definido de comunicação.

Os 12 arquétipos da comunicação são os seguintes:

1. **O ingênuo:** nas suas apresentações e palestras, costuma agradar a todos e colocar "panos quentes" em assuntos mais delicados e controversos. Tem boa vontade de ensinar, mas acaba sendo ingênuo e não percebe quando recebe uma alfinetada.

2. **A referência:** aquele que tem um grande conhecimento e bagagem e traz em sua apresentação diversos dados e informações de maneira detalhada. É referência no conteúdo apresentado. Muitas vezes, não é o melhor comunicador, mas seu intelecto e

conhecimento são suas armas principais. Esse arquétipo geralmente é a "atração da noite", aquele aguardado por todos.

3. **O arrojado:** é dinâmico no palco e foge de padrões esperados. Suas apresentações inspiram a busca por novos conhecimentos e novas áreas, e sua construção de carreira é eclética e ousada.

4. **O pensador:** esse palestrante tem como característica trazer conteúdos sociais e idealizadores. Faz sempre a plateia refletir no que rege aquele conteúdo, provocando reflexões profundas e nunca feitas, mostrando que existem muito mais coisas do que aquelas que podemos enxergar. Esse arquétipo pode ser visto em palestrantes religiosos e filósofos.

5. **O autoral:** o material da sua apresentação costuma ser autoral e o centro das atenções. Considera sua obra seu bem mais valioso e está sempre buscando produzir algo novo. Gosta de reconhecimento do público, pensa fora da caixa e é muito criativo.

6. **O motivador:** é aquele comunicador que vem com uma boa história de superação, costuma trazer sua história pessoal de altos e baixos até sua ascensão. Sua história pessoal é envolvente e se conecta com o público. Esse arquétipo é muito visto em palestrantes motivacionais.

7. **O revolucionário:** sua performance no palco é diferente daquela de todos os palestrantes, tem estilo arrojado e rebelde, costuma ter em sua apresentação conteúdos questionadores e provocativos. Não gosta de ser mais um, por isso, sempre deixa a sua marca.

8. **O performático:** sua apresentação pessoal é impecável, fazendo com que a plateia se afeiçoe a ele de imediato. Preza pela beleza dos slides, chama a atenção para si, gosta de encantar o público com sua performance. Sua palestra é um show.

9. **O brincalhão:** é alegre e descontraído no palco e frequentemente faz piadas. Em alguns momentos, acaba tirando a atenção do conteúdo e trazendo-a para si. Naturalmente é extrovertido e carismático.

UM INDIVÍDUO PODE
MANIFESTAR DIVERSOS
ARQUÉTIPOS DA COMUNICAÇÃO
EM SUA PERSONALIDADE,
MAS GERALMENTE UM DELES
É PREDOMINANTE.

10. **O solícito:** interage bastante com a plateia, é solidário e gosta sempre de ajudar o ouvinte. Abre espaço para contribuições e para tirar dúvidas sobre o conteúdo. Tem como missão pessoal ajudar o próximo. É comum vermos esse arquétipo fornecendo seu contato pessoal, caso alguém precise.

11. **O comum:** é aquele palestrante que traz o que já é esperado, não quer se destacar nem trazer conteúdo ruim, faz o que se propôs a fazer, sem brilhar ou se destacar.

12. **O institucional:** esse orador costuma se apresentar como um líder, não é tão empático com a plateia e, às vezes, é inflexível, mas mostra cautela e responsabilidade quanto ao conteúdo que está trazendo. É comum vermos esse arquétipo em representantes governamentais.

De posse dessas informações, procure agora identificar as características que mais combinam com o seu jeito de agir e de se comunicar. Escolha de um a três arquétipos da comunicação que mais sintonizem com as suas características. Essa clareza vai ajudá-lo no planejamento de sua comunicação – o que veremos já no próximo capítulo.

Não se encontrou em nenhum deles? Isso é sinal de que você ainda está em um estágio como comunicador que denominamos Comunicação Robótica.

MENTORIA DE PARES

Para fazer minha autoavaliação, posso, após uma aula, eu mesmo preencher o Formulário. Contudo, a riqueza da avaliação de pares é pedir a avaliação a um observador externo (mentor, par ou colega e mesmo um membro familiar). Isso faz todo o sentido quando usamos a Janela de Johari,[23] ferramenta criada para facilitar a compreensão dos relaciona-

---

23 CALVET, L. O que é e como funciona a Janela de Johari, ferramenta de desenvolvimento interpessoal *Voitto*, 30 jun. 2020. Disponível em: https://www.voitto.com.br/blog/artigo/janela-de-johari. Acesso em: 3 mar. 2023.

mentos interpessoais em um grupo de trabalho ou em outros ambientes. Ela separa as informações sobre você em quatro quadrantes:

1º **área aberta:** mostra coisas sobre você que também são visíveis para os outros;
2º **área cega:** são os pontos conhecidos apenas pelos outros;
3º **área oculta:** são pontos conhecidos apenas por você e desconhecidos pelos outros;
4º **área desconhecida:** são pontos desconhecidos por você e pelos outros.

Com esse diagnóstico, você terá uma avaliação macro dos seus pontos de melhoria e potencialidades. Então, quando fizer uma apresentação de trabalho, peça aos colegas e aos organizadores do evento um feedback sobre sua apresentação.

Com esse feedback de vida real, é fundamental que o indivíduo desenvolva a metacognição, que consiste em ter consciência de como está se comunicando cada vez que se apresenta, fazendo com que adquira intencionalidade. O bom comunicador tem pleno controle em relação a como quer se comunicar. E é esse o seu objetivo, certo?

É importante que você tenha entendido que, mesmo que não se considere um comunicador nato, o primeiro passo para o desenvolvimento na área de comunicação é o autoconhecimento e o estabelecimento de metas. Tenha consciência de que uma mudança não ocorre da noite para o dia, então estabeleça um objetivo para 90 a 120 dias e outro para cada oportunidade de comunicação (objetivo micro). Por exemplo: tentar melhorar os meus vícios de linguagem ou não estourar o tempo para a aula ou apresentação de amanhã. Assim, aos poucos, você vai chegar ao objetivo macro.

Até aqui você refletiu e absorveu bastante. Era necessário. Para as etapas seguintes, preciso mais de você, daquela vontade de entrar em ação, de arregaçar as mangas mesmo. Quem acha que planejar não é agir, vai se surpreender.

07.

Planejamento estratégico

A comunicação costuma ser o caminho para se atingir algum objetivo. Por exemplo: mobilizar o time para se engajar em um plano de ação elaborado na empresa. Ou, como professor, fazer com que os alunos desenvolvam a habilidade de raciocinar melhor. O problema é que a maioria das pessoas não pensa nisso. Simplesmente pula essa etapa e já começa a preparar a aula sem pensar nos objetivos. Nesse caso, o risco de a apresentação ficar longe do que você esperava é muito maior.

Nesta etapa, ter preguiça ou pressa é um grande erro. Vale a pena investir um tempo maior aqui porque, como vou mostrar com cases práticos, o planejamento auxilia você a criar e a realizar uma apresentação digna de aplausos, mas também de gerar mudança de comportamento por parte do seu público. E, no fundo, promover transformação e, por conseguinte, o desenvolvimento humano acaba sendo o objetivo maior da boa comunicação.

PRINCIPAIS QUESTIONAMENTOS PARA DEFINIR O PLANEJAMENTO

O planejamento convida a levantar alguns questionamentos essenciais para seguir adiante.

O QUE VOCÊ QUER QUE O SEU INTERLOCUTOR OU INTERLOCUTORES SINTAM?

A primeira coisa que um bom comunicador faz é planejar o que deseja que o interlocutor sinta.

Aqui entra o exercício de persona, que algumas pessoas têm certa preguiça de fazer e do qual vou tratar mais adiante. Para que eu consiga que meus objetivos estratégicos sejam atendidos, é fundamental conhecer a minha persona, incluindo seus micromomentos ao longo de um dia.

Exemplificando, há pessoas que gostam de responder às mensagens por aplicativo de mensagem para clientes no final do dia, das 19 às 20 horas, por exemplo. Então, esse é o seu micromomento de fazer essa atividade profissional. No entanto, se você se aprofundar na vida dessa pessoa, vai descobrir que existe um momento do dia em que ela gosta de ficar em determinada rede social. Se você se aprofundar mais, vai perceber que ela tem um padrão muito específico de consumo, de comportamento e de coisas que busca.

Portanto, o exercício da persona serve, entre tantas coisas, para entender em detalhes o que ela faz, o que consome, como se comporta, e, sobretudo, quais são as dores e o que precisa resolver. Por exemplo, uma das personas da Synapse é, em resumo, o profissional da saúde que é muito bom tecnicamente, mas que precisa se comunicar melhor para conseguir ser mais efetivo no consultório. A grande dor é: eu não me sinto reconhecido pelos meus pares e meu trabalho não é devidamente valorizado pelo mercado.

O QUE VOCÊ QUER QUE O SEU INTERLOCUTOR OU INTERLOCUTORES FAÇAM?

É comum querermos que a comunicação seja um gatilho para algum tipo de ação. Quando sabemos qual é o objetivo estratégico, fica tudo mais fácil. Contudo, para chegar a esse nível, você precisa pensar no que deseja que seu público sinta, para aí sim ele **fazer** o que você gostaria.

Aqui entram os dois motivadores centrais de qualquer pessoa: o medo e/ou o desejo. Todo mundo, em algum momento da vida, tem medo de perder, medo de não conseguir ou um desejo de ser diferente. Existe uma citação de Jeremy Bentham fantástica, que diz: "A natureza colocou o gênero humano sob o domínio de dois soberanos: a dor e o prazer". Então, ou a gente busca o prazer ou a gente foge da dor.[24]

COMO O SEU CONTEÚDO PODE TER VALOR PARA A(S) PERSONA(S) COM A(S) QUAL(IS) VOCÊ ESTÁ SE COMUNICANDO?

Quando você entende a dor da persona, o próximo passo é imaginar como o seu conteúdo, o objeto da sua comunicação, pode ter valor para essa pessoa. Pense naquilo que você faz e domina que, para essa pessoa, vai fazer toda a diferença. Esse exercício é fundamental.

Sabendo dessas dores, auxiliado por nossas técnicas de moderação, você começa a ter maior performance nas reuniões e passa a ser mais reconhecido por isso. Resumindo: você sabe a dor da pessoa, tem consciência de que seu conteúdo é bom para ela, e, a partir daí, o seu planejamento estratégico começa a ser definido sobre uma base mais forte e consistente.

Geralmente, quando fazemos o exercício de persona, com quatro a cinco delas, já conseguimos representar todo o universo em questão. Neste livro, por exemplo, temos, entre outras, a persona do mundo corporativo, o professor, o profissional liberal que precisa fazer apresentações.

---

24 BENTHAM, Jeremy. *Uma introdução aos princípios da moral e da legislação*. São Paulo: Nova Cultural, 1989.

QUANDO SABEMOS QUAL
É O OBJETIVO ESTRATÉGICO,
FICA TUDO MAIS FÁCIL.

PASSO A PASSO PARA UM PLANEJAMENTO CONSISTENTE

Peço a você: não tenha preguiça de fazer o planejamento. Ele é uma das etapas mais importantes e estratégicas e está diretamente ligado ao sucesso da sua comunicação. Permita a si mesmo se colocar no lugar do seu público e pesquisá-lo a fundo. Vou ajudá-lo com um passo a passo prático. Venha comigo!

DEFINA OS OBJETIVOS ESTRATÉGICOS SMART

Antes de nos aprofundarmos no tema persona, precisamos definir quais são seus objetivos estratégicos com a sua comunicação, o famoso "aonde você quer chegar".

Para isso, convido você a visitar o acrônimo SMART, do qual já deve ter escutado falar. O termo foi criado por George T. Doran, consultor de administração e negócios, em um artigo intitulado *There's a S.M.A.R.T. way to write management's goals and objectives* (Há um jeito S.M.A.R.T. de escrever as metas e objetivos da gestão, em tradução livre). Depois de ter sido publicado na revista Management Review em 1981, o conceito se espalhou pelo mundo e abrange diversos segmentos. É uma ferramenta que guia a definição de metas inteligentes, estabelecendo objetivos claros e específicos para o que se deseja atingir. Ela se baseia em cinco fatores: S – *specific* (específica), eu sei o que eu quero; M – mensurável, consigo saber se vou atingir ou não; A – atingível, realista, dentro das possibilidades; R – relevante, importante para a minha vida; e T – temporal, possível de atingir em um tempo definido.

Em outras palavras, essas metas devem ser: inteligentes, caberem na sua rotina, específicas, possíveis de visualizar os ganhos e as perdas de cada uma, importantes para você e possíveis de atingir em certo tempo.

Vou dar um exemplo para ficar mais claro. Suponhamos que você tenha definido como sua meta geral: "aumentar a minha renda por meio do serviço de mentoria". Ela ainda não é uma meta SMART porque até pode ser realista e relevante, mas ainda não é específica e mensurável. Agora vamos transformá-la em meta SMART. "No ano de 2023, vou oferecer mentoria aos meus clientes, terei ao menos quatro mentorados que serão captados nas minhas aulas e palestras. Farei dois cursos específicos para desenvolver minhas habilidades como mentor (especificar os cursos e quando serão realizados). Cobrarei X por mentoria."

Por que agora ela é SMART? Porque é específica (fará dois cursos para desenvolver suas habilidades como mentor), é mensurável (terá ao menos quatro mentorados e cobrará X por mentoria), alcançável e realista (definiu o caminho para captar mentorados: nas aulas e palestras) e tem prazo definido (durante o ano de 2023).

DESCUBRA QUEM SÃO AS PERSONAS DO SEU PÚBLICO

Essa parte do método tem como protagonista as personas da sua audiência, ou seja, para quem você vai comunicar o seu conteúdo. Seria muito mais fácil criar uma apresentação única e um padrão para todos os tipos de público. Você criaria o material apenas uma vez, praticamente decoraria suas falas e seus gestos e concentraria suas energias somente no dia da apresentação.

A realidade, porém, está bem longe disso. Um dia você pode ter de se apresentar para a sua equipe, no outro está mostrando os resultados de um projeto a seus superiores. De repente, surge a oportunidade de palestrar ou dar aula para um grupo de 15 pessoas. E, com o tempo, você pode estar em um palco como palestrante convidado. Entende que em diferentes situações o modo de apresentar precisa ser adaptada e coerente com cada público?

É por isso que essa etapa do planejamento estratégico é tão importante. Ao conhecer as personas da sua audiência, você pode elaborar sua estratégia de comunicação de maneira personalizada e precisa, sendo capaz de provocar reflexão, aprendizado e mudança de comportamento no seu público. Em outras palavras, a sua comunicação causará impacto positivo e, melhor ainda, gerará o exato efeito que você deseja. Para que isso aconteça, nunca se esqueça de conhecer, com a maior profundidade possível, as dores das personas do seu público.

Veja a seguir as principais questões que devem ser esclarecidas sobre a persona dos seus ouvintes, inspiradas livremente na *Hotmart Camp 2018*.[25]

1. Idade, gênero, atividade profissional, onde e com quem mora.
2. Quais são seus valores, seus hábitos e sua rotina.
3. O que consome, o que acessa na internet e quais são seus livros, filmes e programas preferidos.
4. Quais são seus sonhos, seus desejos e suas necessidades.
5. Quais são suas dores, seus problemas e seus medos.
6. Como sua atuação pode ajudá-la.
7. Qual é o estilo de linguagem predominante? Formal ou Informal? Detalhista ou Generalista?

Você deve estar se perguntando: como vou conseguir tantas informações sobre minha audiência se eu não tenho acesso direto a essas pessoas? Bem, existem dois caminhos. O primeiro é obter do organizador do evento o máximo de informações possível sobre a plateia. Quem são aquelas pessoas que estarão com você, como se comportam? Investigue nas redes sociais quem são elas e quais os seus interesses.

No entanto, após tantos anos realizando treinamentos corporativos, aprendi na prática uma lição importante. Sempre que possível, siga o segundo caminho e realize entrevistas de trinta minutos com uma amostra significativa da sua audiência. Além de se aprofundar melhor no conhecimento do seu público, você consegue algo valiosíssimo: vincular-se previamente com pessoas que farão parte da sua atividade.

Já me deparei inúmeras vezes com equipes relativamente hostis no primeiro contato. Depois que passei a adotar como padrão essas conversas prévias, o jogo mudou completamente. Na prática, quando você entra na sala e já cumprimenta pessoas que entrevistou, o clima fica

---

25 O Hotmart Camp é um evento anual e presencial organizado pela Hotmart. Com o objetivo de auxiliar a comunidade de Produtores e Afiliados, o Hotmart Camp oferece 9 horas de aulas práticas ministradas por especialistas em marketing digital da Hotmart. Entre o conteúdo estão estratégias para vender mais em menos tempo, persona, copy para anúncios, estruturação do produto e funil de vendas. Fonte: https://help.hotmart.com/pt-BR/article/o-que-e-o-hotmart-camp-/360040963611

mais leve e há muito mais abertura para sua presença e sua mensagem. Hoje, não abro mão, sempre que possível, de realizar essas entrevistas que denominamos "Escuta Empática". Desenvolvi esse formato inspirado em um curso on-line de *Design Thinking* na Universidade Stanford.

Essa metodologia é extremamente simples. Primeiro você estabelece em torno de três a cinco perguntas que utilizará nas escutas com o organizador da atividade. Na sequência, agenda e realiza as entrevistas com antecedência suficiente para incorporar as informações na atividade que será conduzida. Sempre que possível, submeta as respostas obtidas em ferramentas que criam nuvens de palavras e, o mais importante, garanta às suas fontes, no caso, as pessoas entrevistadas, absoluto sigilo da identidade delas. Sem essa garantia, é muito difícil traçar o cenário real, pois é comum que times de uma empresa ou alunos de uma universidade se "protejam" e não contem para você as verdadeiras dores daquela plateia.

Sei que pode parecer complexo responder a essas questões, mas garanto que o esforço vale a pena. Com essa prática, é possível entender profundamente as dores e a rotina dessas personas. Vejo que na educação isso ainda é um grande gargalo. Os profissionais não pensam estrategicamente. Se eu não sei nada sobre o público, não tenho como saber qual é o gargalo. Aí só me resta confiar no meu feeling e pesquisar de outras maneiras. Uma dessas alternativas, realizada por diversos palestrantes, inclusive por mim, é chegar um pouco antes e "pescar" o clima da plateia e, na conversa de corredor, entrevistar pessoas ali mesmo, momentos antes do início da atividade. Já me frustrei muito enviando formulários prévios por e-mail. Na prática, todo mundo está sempre correndo, e é raro obter respostas que realmente reflitam o seu desafio.

O que condiciona o professor hoje é que, muitas vezes, ele não tem condições de mapear a sua turma de alunos. Mesmo assim, ele pode "ler" os alunos usando da sensibilidade que somente os melhores educadores têm. Aprendi a ter essa leitura e flexibilidade dando aula no cursinho pré-vestibular. Era o mesmo material, mas cada aula precisava ser de determinado modo, porque cada turma tinha suas nuances que a diferenciavam e exigiam diferentes abordagens.

É isso, os bons comunicadores devem estar sempre muito atentos ao que está acontecendo nos bastidores e ter em mente os valores vigentes daquele determinado grupo, independentemente de ser o time de uma empresa, os alunos de uma classe ou mesmo clientes em potencial.

ATENTE-SE À MENSAGEM QUE SEU PÚBLICO ESPERA OBTER

Nesse fluxo de objetivos, geralmente quem solicita a palestra ou você mesmo terá de pensar se a mensagem que quer passar está em sintonia com a mensagem que o público espera obter. Sobre isso tenho um case bem interessante. Certa vez, fui dar uma palestra na Fenicafé, uma das maiores feiras de café do Brasil. O café, na época, estava sendo comercializado por um preço muito ruim. Preparei uma aula para falar sobre o mecanismo de tomada de decisão do cérebro humano quando estamos vivendo momentos de crise; para isso, usei conceitos de neuroanatomia e economia comportamental. Cheguei lá um dia antes do evento e, enquanto eu passeava pela feira, ouvi o seguinte anunciado: "Não percam, amanhã a aula do neurologista Ariovaldo sobre depressão e ansiedade na hora de vender o seu café". Levei um susto porque a minha aula não seria essa.

Chamei o professor, que também era o reitor, e ele me perguntou se havia algum problema. Respondi que não, exceto pelo título da aula. Então ele me disse que em todas as edições da feira um palestrante motivacional era convidado e que naquele ano seria eu. E ainda me disse: "Convidamos a cidade inteira, tenho certeza de que vai ser um sucesso". Isso ocorreu um dia antes da palestra.

O que eu fiz? Rodei a feira, observei como eram as pessoas, como se comportavam, o que falavam. Voltei para o hotel, refiz a aula toda, falei com meu designer para refazer os slides e, no dia seguinte, dei a aula sobre depressão e ansiedade. Assim que terminei, uma grande emissora de TV me ligou e disse: "Olá, a gente gostaria de saber se você é o palestrante motivacional deste ano, porque as pessoas adoraram a aula. Você pode participar de uma matéria com a gente?". Isso virou uma reportagem no telejornal local, em que eu falo também sobre essa situação. Na hora de planejar uma apresentação, você precisa vestir a "sandália" do outro, e não a sua.

Você até pode ter os mesmos slides e o mesmo conteúdo, mas sua abordagem deve ser sempre **centrada na audiência**. Infelizmente, ainda constato dois problemas graves: **abordagem centrada no apresentador** – muito comum em líderes de opinião com ego inflado – e, o pior, **comunicação centrada em slides** – é triste ver as pessoas dando as costas para a plateia, lendo slides e balançando um *laser point*. O que mais me intriga é que vejo isso acontecer sistematicamente em eventos com professores experientes e sofro ao notar a reação da plateia, que fica entediada, impaciente e, em alguns casos, avessa ao apresentador.

Outro elemento fundamental nessa perspectiva de focar o outro e, é claro, tomar cuidado para não falar muito "eu" é a questão da escolha da linguagem e da vestimenta. É essencial observar o que chamamos de congruência social. Devemos adotar um linguajar e um modo de vestir coerente com o que se espera em cada situação e ambiente. Além disso, é importante prestar bastante atenção na comunicação implícita. Na prática, o cérebro humano consegue perceber quando você fala um A, mas, no íntimo, pensa B. Existem técnicas utilizadas no teatro que trabalham essa questão, mas a maneira mais natural é agir sempre com integridade. Lembrando que, ao ensinar, você está em uma posição de poder. Assim, recomendo que, ao se envolver em um projeto, analise se o trabalho está alinhado aos seus propósitos e sempre tenha em mente o ganha-ganha-ganha, defendido por um dos maiores negociadores do mundo, William Ury, de Harvard. Somos contratados, estamos prestando um serviço e, por isso, temos de ganhar. A empresa que nos contratou também tem de ganhar. Mas, sobretudo, as pessoas, a comunidade, têm de ganhar. Se você realiza projetos focados no ganha-ganha-ganha, isso será bom para todos os envolvidos.

Acabei de mostrar a importância de conhecer a sua persona e de planejar uma comunicação que realmente fale com ela. Chegou a hora de aprofundarmos mais esse tema, abordando a mudança de comportamento, ou seja, a transformação que você deseja despertar nas pessoas por meio da sua comunicação.

NÃO TENHA PREGUIÇA DE
FAZER O PLANEJAMENTO.

COMO VOCÊ E SEU CONTEÚDO PODEM PROVOCAR REFLEXÃO, APRENDIZADO E MUDANÇA DE COMPORTAMENTO

ENTENDA COMO O CÉREBRO APRENDE

É importante para o comunicador entender, em termos gerais, como as pessoas aprendem, ou seja, como funciona esse processo incrível de aprendizagem, considerando, é claro, as diferenças existentes em cada pessoa.

O raciocínio muitas vezes se comporta de maneira mais intuitiva e menos racional. Partindo da infância, é possível entender melhor essa constatação. O aprendizado por imitação dos adultos ou pela descoberta se dá até os 3 anos. As crianças discernem padrões ou regularidades nos eventos ou objetos, reconhecendo-os com as mesmas regularidades determinadas por pessoas mais velhas. Trata-se, portanto, da aquisição dos primeiros conceitos por meio da regularidade percebida ao redor das crianças, designada por rótulos ou símbolos. Na maioria dos conceitos, o rótulo é uma palavra, embora, algumas vezes, usemos símbolos ou mais de uma palavra.

Já as chamadas proposições – ou unidades de sentido ou semânticas – são um pouco mais elaboradas e envolvem dois ou mais conceitos conectados por palavras de ligação ou frases com o intuito de dar sentido a uma afirmação. Assim, conceitos e proposições são os blocos de construção do conhecimento. Depois dos 3 anos, nos quais a criança constrói seu alicerce por meio desses blocos e unidades de sentido, cada novo conceito e proposição envolvidos na construção das unidades semânticas acabam sendo altamente mediados pela linguagem.

Assim, o aprendizado se dá, essencialmente, por um processo de associação no qual os novos significados são obtidos por meio de perguntas e esclarecimentos sobre as relações entre os velhos conceitos e proposições em contrapartida com os novos conceitos e proposições. Na prática, podemos assumir que o novo conhecimento é estruturado a partir do conhecimento anterior, da vivência prévia.

Com base nessas pesquisas e constatações, percebemos que no adulto o aprendizado e o raciocínio não são tão diferentes, sobretudo se considerarmos o desenvolvimento da expertise em determinado campo do conhecimento. À medida que avança em sua formação, a pessoa se depara com inúmeros conceitos que, associados às suas experiências, permitem que as informações sejam organizadas de modo específico, formando, assim, unidades semânticas conectadas a uma rede semântica prévia de conhecimento.[26]

Uma das melhores maneiras de medir o aprendizado é avaliar a retenção do tema ensinado. E é através do aprendizado ativo que isso acontece. Foi verificado que os intervalos de atenção das pessoas são curtos – aulas longas e fatigantes não são eficientes – e que os alunos tendem a reter mais quando o instrutor é capaz de misturar e intercalar palestras curtas com dinâmicas colaborativas entre pares e grupos e leituras de fragmentos do texto, a fim de interagir e dinamizar a atividade.

A literatura especializada mostra que exercícios de aprendizagem ativos promovem nos alunos a capacidade de reflexão e maior cuidado com o material ensinado, o que ajuda bem mais na retenção. Além disso, esse método mais leve, ativo e dinâmico proporciona uma diminuição na ansiedade dos alunos.

CRIE INCERTEZA

Para fazer alguém mudar o comportamento, você precisa criar incerteza. Daniel Kahneman, no livro *Rápido e devagar*,[27] por meio de experimentos com psicologia aplicada, criou o ramo chamado economia comportamental. Independentemente das questões neuroanatômicas,

---

26 SCHMIDT, H.; RIKERS, R. How expertise develops in medicine: knowledge encapsulation and illness script formation. *Medical Education*, v. 41, p. 1133-1139, 2007.

27 KAHNEMAN, D. *Rápido e devagar:* duas formas de pensar. Rio de Janeiro: Objetiva, 2012.

dos circuitos cerebrais, do inconsciente e consciente de Freud, ele resolveu o problema com a seguinte simplificação: ou o ser humano usa o sistema 1 para decidir (quando pensa em 1 + 1, você não calcula, já sabe que o resultado é 2 – sistema rápido, intuitivo e emocional) ou usa o sistema 2 (quando você calcula quanto é 57 x 8 – sistema lento, deliberativo e mais reflexivo). A realidade é que o ser humano quer usar o sistema 1 o tempo todo, afinal ele não gasta energia e pode tomar a decisão mais rapidamente. O fato é que intercalamos quase o tempo todo as duas formas de raciocínio, mas, para fins de compreensão, é muito útil pensar nesses dois polos e ter em mente que há uma variação espectral entre eles.

Esse é um dos problemas da comunicação, as pessoas já estão conectadas ao que acreditam e conhecem. O expert, aquele que tem "dez mil horas de prática", capacidade inata para determinada atividade e prática reflexiva deliberada, compara o hoje com o ontem, com o que ele gostaria de fazer amanhã, ativando o sistema 2 sempre que precisa evoluir. No entanto, a maioria das pessoas sofre do efeito Dunning-Kruger, analisado por dois psicólogos de mesmo nome.[28] Em 1999, eles publicaram um estudo após investigarem o que leva alguém a sentir-se tão confiante e a superestimar tanto suas habilidades sobre algo, mesmo sem um conhecimento razoável para isso, o que, evidentemente, pode levar a pessoa a um comportamento estúpido e ainda ter orgulho disso. A conclusão dos pesquisadores foi a de que a ignorância gera realmente mais confiança e segurança do que o conhecimento.

Quando você provoca uma reflexão, vence um grave entrave da comunicação humana: boa parte de toda informação nova que chega para a pessoa vai para a memória de trabalho, que guarda de sete a nove itens a cada 21 segundos. Nós descartamos a maioria das informações, mas algumas vão para a memória de longo prazo, que tem uma capacidade ainda pouco conhecida. Se a pessoa não perceber que o que está recebendo vai mudar a sua vida de fato, a informação fica na memória de trabalho,

---

28 DUNNING, David; KRUGER, Justin. *Efeito Dunning-Kruger.* Disponível em: https://www.blogs. unicamp.br/covid-19/a-estupidez-dos-especialistas-de-internet-em-tempos-de-pandemia-o-efeito-dunning-kruger/. Acesso em: 13 fev. 2023.

no máximo na memória de curto prazo e, depois, é deletada (veja mais adiante um aprofundamento conceitual sobre a memória humana).

Por tudo isso, o comunicador deve despertar a reflexão na pessoa, deixá-la pensativa e até mesmo incomodada. Com o tempo, no caminho que você guiou, ela vai encontrar conteúdo, novas interações, mentoria, o que for possível para mudar o comportamento. Portanto, a educação é um gatilho não apenas para a aprendizagem mas também para a mudança de comportamento humano.

UTILIZE A JORNADA DO HERÓI

Qual é a melhor maneira de fazer isso? Joseph Campbell, mitologista estadunidense, escreveu dois livros importantes: *O poder do mito*[29] e *O herói de mil faces*.[30] Ele percebeu que o ser humano vive um mito na perspectiva da Jornada do Herói. Por exemplo, Peter Parker, personagem do Homem-Aranha, nasceu e recebeu um chamado: mudar o mundo. Ele passa por uma fase de transição. Ganha superpoderes ao ser picado por uma aranha de laboratório e se torna poderoso. Depois disso, um ato impensado, que envolve seus superpoderes, causa a morte de seu tio Ben. Então Peter cai num abismo, o que chamamos, no jargão terapêutico, de "lago emocional". Ele mergulha nesse lago para sair renovado, pega os insights, vence o vilão e fica com Mary Jane.

Na minha área, isso é muito comum de ocorrer com o médico. Ele tem um chamado (vocação, ou quer seguir a carreira da família, ou deseja ascensão social, ou para tentar explicar um fenômeno que ele viveu), faz vestibular, entra na faculdade de medicina, passa por uma fase de transição e adquire "superpoderes", que é basicamente o direito de exercer a medicina. É comum, depois, ele cair no abismo por acontecimentos decorrentes da prática médica, como perder um paciente, por exemplo. Isso, no entanto, faz com que ele reveja seus paradigmas,

---

29 CAMPBELL, Joseph. *O poder do mito*. São Paulo: Palas Atena, 2014.

30 CAMPBELL, Joseph. *O herói de mil faces*. São Paulo: Cultrix/Pensamento, 1989.

tenha insights e evolua com mais humildade. Essa história que acabei de contar apresenta todos os elementos da Jornada do Herói.

Para utilizar esse conceito na prática, é fundamental saber quem é a sua audiência. Isso porque a história que você contar precisa fazer sentido para aquele público, caso contrário, ele não se conecta. Seu público precisa pensar: *Nossa, eu também passei por isso, ele me entende.*

Quando você realizar uma aula ou palestra, identifique qual é a Jornada do Herói que combina com o seu público. Roteirize sua comunicação com uma espécie de montanha-russa emocional. Conte uma história que tinha tudo para dar certo, mas ocorreu um problema. E, no final, depois de uma reviravolta, ilustre como tudo terminou bem.

Por exemplo, quando dou aula para médicos, eu conto a minha Jornada do Herói, porque ela conecta aquelas pessoas à minha história. Fazendo o exercício de personas que mostrei anteriormente, você descobre quais são as dores delas e, a partir daí, pode escolher a melhor Jornada do Herói para utilizar na sua comunicação.

USE O STORYTELLING A SEU FAVOR

O termo, por ser em inglês e pouco traduzido ao pé da letra, pode parecer distante para muitas pessoas. Mas você, leitor, está mais perto dele do que imagina. Storytelling é a arte de contar histórias e, mesmo que você ainda não saiba contá-las com todos os recursos possíveis, diariamente está em contato com pessoas que as contam para você. Isso inclui familiares, colegas de trabalho e amigos, cada um com os próprios objetivos, é claro. E vai além! As melhores marcas, incluindo as que têm mais de 100 anos, têm como alicerce uma boa história.

"Uma história é a estrutura perfeita para transmitir uma ideia."[31] Então, conte uma história que fale diretamente para a sua audiência, que capture a atenção dela, mantenha o interesse e a surpreenda. A estrutura de

---

31 CHORA PPT. *Perestroika*. Disponível em: https://mir-production.s3.amazonaws.com/mir/arquivos/Chora_PPT_Online_Material_Complementar_pMm2Sul.pdf?AWSAccessKeyId=AKIAJY2CIGDUJPFESC4A&Signature=zrqeDIxXJQmsEtxlcCIG0%2FNHrEk%3D&Expires=1673709620. Acesso em: 14 jan. 2023.

um storytelling é, de modo geral, uma história com começo, meio e fim. Os nomes para essas etapas variam muito. No cinema, por exemplo, essa estrutura é chamada de três atos, inspirada em Aristóteles. Conforme o curso Chora PPT, da Perestroika,[32] primeiro você deve escolher uma tese para a sua história. Depois, parte para a fundamentação e para as histórias que deseja contar. Está montada a base do seu storytelling.

Vamos a um exemplo. Digamos que a sua apresentação tenha como objetivo mostrar que o seu produto é bom. Então, antes de começar a montá-la, pergunte a si mesmo "por quê?". Por que o seu produto é bom? A partir daí, trace algumas hipóteses, por exemplo: "O meu produto é bom porque deu lucro". Mas por que ele deu lucro? O que fez com que ele desse certo? "O meu projeto deu certo porque deu lucro e porque eu fiz um acompanhamento financeiro etapa por etapa." Assim, talvez a sua tese seja: "Quando a gente faz um acompanhamento financeiro etapa por etapa, a chance de ele dar certo aumenta". Quanto melhor e mais forte for a sua tese, melhor será a sua apresentação.

A fundamentação, por sua vez, é o alimento para o cérebro de quem está assistindo. São dados, gráficos, tabelas, resultados de pesquisas e qualquer outra informação que ajude a comprovar a sua tese. As histórias são o alimento para o coração. É por meio delas que o seu espectador vai empatizar com você e comprar a sua tese.

A seguir, uma lista de benefícios que o storytelling pode trazer para as suas apresentações.

- Você é capaz de criar apresentações mais focadas e atrativas em relação tanto à forma quanto ao conteúdo.
- Suas apresentações conseguem manter a atenção do seu público por mais tempo e o convidam a interagir de modo natural, principalmente quando se trata de aulas on-line, em que a atenção é dispersada com facilidade.
- Mesmo em reuniões sem o uso de recursos audiovisuais, você consegue contar uma ou mais histórias para envolver o grupo na sua fala e na sua mensagem, captando mais a atenção das pessoas.

---

32 Para saber mais, visite https://www.perestroika.com.br/online/curso/chora-ppt-online/.

UMA DAS MELHORES MANEIRAS DE MEDIR O APRENDIZADO É AVALIAR A RETENÇÃO DO TEMA ENSINADO.

- Você é capaz de transformar uma história em ferramentas de comunicação a seu favor.
- À medida que seus argumentos aumentam, seu poder de convencimento, também. Isso é benéfico para sua imagem profissional, para sua liderança e para seu crescimento na carreira.

ESCOLHA O MELHOR FORMATO

É importante definir qual é o formato que você vai utilizar na sua apresentação, como vamos verificar em detalhes mais adiante. Por exemplo, o cliente apresenta a seguinte situação: "Eu me reúno uma vez ao ano com esse time e preciso extrair dele ideias para colocar em prática no ano que vem". Chegamos à conclusão de que o melhor formato para esse objetivo seria o *Design Thinking*.[33] Entretanto, dependendo do caso, pode ser que o formato ideal seja uma Aula Dialogada ou uma palestra show para grandes grupos. O formato é muito relacionado ao tamanho da audiência. Por isso, você verá mais adiante as várias possibilidades e os vários formatos que podem ser utilizados desde que você domine a moderação de pequenos grupos e tenha didática e carisma com grandes audiências.

Você já deve ter planejado bem os seus aplausos. Conhece a persona do seu público, sabe as dores dela, está convicto da sua mensagem e do seu objetivo. Se aceitar o próximo desafio, você será capaz de preparar a sua comunicação para obter a mudança comportamental que deseja provocar no outro.

---

[33] *Design Thinking* é uma abordagem que busca a solução de problemas de forma coletiva e colaborativa, em uma perspectiva de empatia máxima com seus *stakeholders* (interessados). Em síntese, as pessoas são colocadas no centro de desenvolvimento do produto – não somente o consumidor final mas também todos os envolvidos na ideia (trabalhos em equipes multidisciplinares são comuns nesse conceito). DESIGN Thinking: ferramenta de inovação para quem empreende. *Endeavor Brasil*, 27 jul. 2015. Disponível em: https://endeavor.org.br/tecnologia/design-thinking-inovacao/. Acesso em: 13 fev. 2023.

Preparação

É hora de relembrar os objetivos de aprendizagem, de segmentar a audiência e de preparar a sua comunicação. A pergunta central aqui é: o que você quer que sua plateia lembre, compreenda e aplique na vida? Além dessa, na fase de preparação é importante refletir sobre as seguintes questões: quais são seus objetivos de aprendizagem? Você conhece a sua audiência? Sabe o tamanho dela? Qual formato terá a sua apresentação?

Vamos destrinchar cada uma dessas perguntas neste capítulo.

QUAIS SÃO SEUS OBJETIVOS DE APRENDIZAGEM?

Objetivos de aprendizagem é o que você deseja gerar ou despertar na sua audiência por meio da sua comunicação. Consiste em uma organização hierárquica, seguindo uma classificação em relação à aprendizagem cognitiva (questão intelectual), afetiva (aspectos de valores específicos ao conhecimento) e psicomotora (habilidades para a execução de uma tarefa).

Em linhas gerais, a Taxonomia de Bloom,[34] elaborada pelo psicólogo e pedagogo estadunidense Benjamin Samuel Bloom, estabelece que o estudante precisa:

- criar: capacidade de pensar em nova solução, estrutura ou modelo por meio de conhecimentos e habilidades previamente adquiridas;
- avaliar: realizar julgamentos com base em critérios e padrões qualitativos e quantitativos ou de eficácia ou deficiência;
- analisar: dividir a informação em princípios relevantes e irrelevantes, importantes e menos importantes, e compreender a inter-relação entre eles;
- aplicar: executar ou utilizar um procedimento em determinada situação, podendo abordar também a aplicação do conhecimento em uma situação nova;
- entender: estabelecer conexão entre o mecanismo novo e o previamente adquirido;
- lembrar: reconhecer conceitos e produzir ideias e conteúdos.

O educador eficaz pensa antes de realizar qualquer tipo de intervenção; ele avalia quais são os objetivos de aprendizagem que deseja trazer e constrói o processo de transmissão de conhecimento centrado na experiência do aprendiz e no que este almeja para sua jornada profissional.

---

34 "A Taxonomia de Bloom, também conhecida como taxonomia dos objetivos educacionais, é uma estratégia educacional definida por uma hierarquia de objetivos para o ensino e o aprendizado. Foi desenvolvida nos anos 1950 pelo psicólogo e educador Benjamin Bloom, com auxílio de pesquisadores de múltiplas universidades estadunidenses." TAXONOMIA de Bloom: o que é e como aplicar no ensino superior? *Saraiva Educação*, 19 jan. 2023. Disponível em: https://blog.saraivaeducacao.com.br/taxonomia-de-bloom/. Acesso em: 25 abr. 2023.

VOCÊ CONHECE A SUA AUDIÊNCIA? SABE O TAMANHO DELA?

No capítulo anterior, falamos, em detalhes, sobre conhecer a audiência. Em relação ao tamanho, consideramos a seguinte classificação, baseada em mais de uma década de experiência em treinamentos e mais de 300 projetos. É uma definição arbitrária, mas que serve de base na preparação de eventos, com extrema eficácia no mercado de consultoria educacional. Ao longo desta jornada, refinamos diferentes processos de ensino-aprendizagem conforme o tamanho da audiência, que podem contar com influência social (veja mais adiante), dependendo do contexto, e variar no caso de uma intervenção única (um encontro só e não volta mais) ou se terá uma regularidade de contato com aquelas pessoas. Isso muda a preparação.

TABELA 3: CLASSIFICAÇÃO QUANTITATIVA DA AUDIÊNCIA

AUDIÊNCIA	PROCESSO DE ENSINO-APRENDIZAGEM
Microgrupos (3 a 7 pessoas)	Processo de mentoria
Pequenos grupos (8 a 16 pessoas, idealmente, podendo-se estender até 22 pessoas)	Processo baseado em moderação
Médios grupos (23 a 100 pessoas)	Mescla moderação em menor quantidade e o formato expositivo
Grandes audiências em três faixas: 101 a 500 pessoas, 501 a 3 mil e acima de 3 mil	Formato eminentemente expositivo, ainda que seja possível fazer algumas interações usando ferramentas tecnológicas como nuvem de palavras, quiz, entre outros

É HORA DE RELEMBRAR OS OBJETIVOS DE APRENDIZAGEM, DE SEGMENTAR A AUDIÊNCIA E DE PREPARAR A SUA COMUNICAÇÃO.

QUAL FORMATO TERÁ A SUA APRESENTAÇÃO?

Com os objetivos de aprendizagem traçados e o tamanho da audiência mapeado, chegou a hora de pensar no formato da sua comunicação, incluindo uma nova variável. Será algo gravado para ser posteriormente distribuído (comunicação assíncrona) ou será ao vivo (síncrona)? Neste caso, será presencial, on-line ou híbrida? Vale a pena ilustrar: utilizo vídeos gravados de diferentes professores durante as minhas apresentações, físicas ou digitais. Além disso, é muito comum que durante treinamentos presenciais alguns convidados participem on-line (formato híbrido). De qualquer forma, mantenha a mente aberta, pois a tecnologia avança a cada dia e, por exemplo, a utilização de holograma, realidade aumentada ou mesmo realidade virtual estará cada vez mais presente na vida de um comunicador. E não só a tecnologia evolui mas também novos formatos como o *pitch elevator*,[35] que se consagrou com o surgimento das startups. Eu vivi isso na pele na minha jornada empreendedora nas inúmeras interações com investidores.

QUAIS SERÃO AS TÉCNICAS DE COMUNICAÇÃO?

Reinaldo Polito, referência no assunto, em seu livro *Recursos audiovisuais*, descreve uma série de técnicas de ensino que favorece a participação ativa do aluno no processo de aprendizagem e que pode ajudar você a escolher o formato da sua comunicação. Vamos estudar cada uma dessas técnicas a seguir.

TÉCNICAS PARA INÍCIO DE CURSO E PARA MOTIVAR PARTICIPANTES

Apresentação simples: cada participante fala seu nome, a área em que atua na instituição, aspectos da própria vida, incluindo preferências

---

35 Técnica que fundadores de startups costumam utilizar para que a pessoa, em apenas alguns minutos, conquiste um investidor ao oferecer uma proposta.

em momentos de lazer e outros de sua vida social. Deve ser utilizada em grupos de até 20 participantes, pois, mais do que isso, torna-se cansativo.

Apresentação cruzada em duplas: é uma variante da técnica anterior. Os participantes se reúnem em duplas durante seis minutos e, nesse período, apresentam-se um ao outro nos mesmos moldes da apresentação anterior. Cada um terá três minutos para apresentar-se ao colega, e depois eles realizam a apresentação um do outro. Essa atividade costuma ser bastante informal e provoca uma grande aproximação entre os participantes. O grupo máximo deve ser de 20 a 25 pessoas.

Complementação de frases: essa é uma técnica que deve ser utilizada para salas com mais de 30 participantes. O mediador/facilitador prepara um cartão para cada participante, no qual escreve um início de frase que deverá ser complementado livremente pela pessoa. Em seguida, recolhem-se os cartões que serão redistribuídos aleatoriamente de modo que cada participante tenha uma frase completa, que não foi escrita por ele e da qual ninguém sabe a autoria. Ele é, então, convidado a ler a frase para a sala. Exemplos de frases: Vim para esse programa para _____. Esta disciplina serve para _____. Espero poder aprender _____. Em meus momentos de lazer _____.

Desenhos em grupos: essa técnica pode ser utilizada em grandes grupos, desde que haja espaço para realizar a atividade proposta. Os participantes são reunidos em grupos de cinco a seis pessoas, dá-se um tema para cada grupo e pede-se que discutam o tema durante quinze minutos, procurando chegar a um consenso sobre o assunto. Em seguida, pede-se que os grupos procurem uma maneira de comunicar a toda a sala o consenso a que chegaram sem utilizar a verbalização oral ou escrita. Essa dinâmica desperta outras oportunidades de comunicação: dramatizações gestuais ou dinâmicas, desenhos, colagem etc. O facilitador deverá levar para a sala papel *flip-chart*, pincéis atômicos, canetas hidrográficas, revistas, tesouras, cola, caso queiram utilizar.

Deslocamento físico do professor/participante: o facilitador pode solicitar que os participantes coloquem as cadeiras em semicírculos. Se o professor for ministrar uma aula expositiva, pode solicitar que abram espaço entre as cadeiras para que ele possa circular. Ou pode programar atividades em que os participantes se juntem em grupos para desenvolvê-las e permitir que eles se desloquem.

Brainstorming: é uma técnica que pode ser utilizada em qualquer disciplina, em qualquer área do saber e em qualquer momento do curso, basta que o professor tenha uma proposta interessante e monitore o processo criativo dos participantes. Orienta-se a turma a respeito de como será realizada a atividade, pedindo aos participantes que, ao ser apresentado o tema ou a palavra, imediatamente verbalizem as associações que lhes veem à mente, sem preocupação com certo ou errado. O facilitador vai registrando as palavras sem se preocupar com ordem, lógica e sem fazer comentários. Isso deve acontecer em um período de cinco a seis minutos. O facilitador encerra a manifestação e, junto com o grupo, inicia o processo de relacionar tudo o que está registrado na lousa, no *flip* ou quadro branco, ao que é mais próximo do tema, o que facilitará compor um conceito, agrupar as palavras por similaridade e eliminar aquelas que não fazem sentido sobre o tema.

TÉCNICAS PARA AQUISIÇÃO E FIXAÇÃO DE INFORMAÇÕES

O objetivo dessas técnicas é sensibilizar o participante de que ele está ali para aprender, e não para cumprir uma obrigação (tirar boa nota ou marcar presença). Existem três tipos delas:

Leituras (preparando a aula): cada participante precisa ler, compreender os textos, buscar informações antes de estar na sala de aula. A sala de aula é lugar para aprender por meio de discussões, compartilhamento de experiências, atividades coletivas, técnicas específicas. Os participantes devem ser orientados quanto à necessidade de realizarem leituras prévias.

Levantamento de informações em fontes alternativas (internet, periódicos, bibliografia, revistas e jornais de grande circulação): despertar nos participantes o hábito de buscar informações complementares sobre o assunto em questão, para compartilharem com os colegas e com o facilitador. Pontos de atenção: essas informações podem ser buscadas tanto fora do período de aula quanto na própria aula, porém, neste caso, perde-se tempo para o aprendizado. Tenha cuidado com o Ctrl+C; Ctrl+V (copia e cola) e com a credibilidade da informação.

Ensino com pesquisa: é a estratégia fundamental para a melhoria dos programas de graduação e pós-graduação. Essa técnica permite o desenvolvimento de várias aprendizagens: tomar iniciativa na busca de informações, dados e materiais necessários para o estudo; entrar em contato com as mais diferentes fontes de informações e com os mais diversos ambientes informativos (biblioteca, sites de diferentes naturezas), com especialistas de seu curso ou de outras instituições, com executivos por meio de e-mails, entrevistas etc.; selecionar, organizar, comparar, analisar, correlacionar dados e informações, levantar hipóteses, checá-las, comprová-las, reformulá-las e tirar conclusões; elaborar um documento com características científicas; comunicar os resultados obtidos com clareza, ordem, precisão acadêmica, tanto oralmente quanto por escrito.

A seguir, listei alguns exemplos de técnicas para aquisição e fixação de informações que você pode adotar em sua apresentação.

PAINEL INTEGRADO

Consiste na discussão de pequenos grupos de experts, cuja divisão e orientação prévia foi realizada pelo coordenador. Portanto, o foco das discussões deve ser um tema, conceito ou unidade de ensino já conhecidos e que geraram a necessidade de aprofundamento a partir de pontos de vista divergentes apresentados pelos acadêmicos ou autores referenciados na disciplina. Contribui para o desenvolvimento de processos cognitivos tais como: expressão oral, análise crítica e capacidade de síntese.

A dinâmica do painel integrado envolve os seguintes procedimentos:

- Após organização prévia do professor, são formados pequenos grupos (não ultrapassando o número de cinco pessoas), distribuídas as tarefas em torno do debate de um tema, conceito ou unidade de ensino trabalhados e delimitado o tempo para apresentação do ponto de vista e da·síntese de cada grupo (no máximo, dez minutos).

MANTENHA A MENTE
ABERTA, POIS A TECNOLOGIA
AVANÇA A CADA DIA.

- Cada participante tem direito à fala, cujo tempo deve ser cronometrado por alguém indicado pelo professor ou pelo próprio grupo.
- Os demais participantes podem fazer arguições aos painelistas.
- As conexões de sentido acerca do conteúdo da exposição/debate/questões devem ser feitas pelo professor, a fim de sintetizar o estudo em questão.

Como avaliar? Servindo como instrumento de avaliação, o painel integrado pode ser avaliado sob os seguintes critérios: capacidade de síntese, coerência dos argumentos e clareza conceitual.

ESTUDO DE CASO

É uma análise detalhada de um contexto e situações reais, os quais apresentam possibilidades de investigação teórico-prática. Permite o desenvolvimento de processos cognitivos tais como: análise crítica, indução e dedução, síntese, tomada de decisão.

Para desenvolver essa técnica, o professor primeiro apresenta aos participantes o caso a ser estudado. Pode-se trabalhar com mais de um caso, na medida em que se pretende que toda a turma tenha a possibilidade de conhecer detalhadamente mais de uma problemática.

Para a realização do estudo, é necessário atender a alguns passos fundamentais: descrição do caso, na qual o professor deve destacar categorias centrais de análise; levantamento de hipóteses por parte dos participantes, baseadas nas inferências feitas a partir da descrição do caso e dos conceitos já estudados sobre o tema; revisão de literatura acerca do tema e do caso em estudo. É por meio dessa revisão que os participantes construirão sua base argumentativa para resolução do caso e posterior socialização.

O professor deve solicitar aos participantes um relatório escrito acerca do caso estudado, o qual contemple as etapas vivenciadas no decorrer do estudo. Após a investigação e análise do caso em estudo (para cujo desenvolvimento sugere-se que os participantes tenham um período para realização do estudo de pelo menos dois dias entre uma aula e outra, a fim de se caracterizar realmente como um "estudo de caso"), o professor define uma data para socialização dos resultados.

Sugere-se que, em termos de organização espacial, a socialização aconteça na forma de semicírculo, ou, no caso de turmas com grande número de alunos, até mesmo em um auditório. Cada grupo fará sua apresentação (mesmo quando se trata de um único caso estudado). O objetivo é que nesse momento os participantes possam trocar pontos de vista, estabelecer conexões de sentido entre as hipóteses levantadas e os resultados obtidos, bem como entre os conceitos teórico-práticos envolvidos no estudo. Cabe ao professor, ao final de cada exposição dos pequenos grupos, destacar os pontos principais apresentados, enfatizando as hipóteses, os objetivos e as soluções/conclusões encontradas.

Como avaliar? Por meio da análise de: coerência dos argumentos, articulação teórico-prática, sequência lógica de ideias, procedimentos de pesquisa e capacidade de síntese.

FÓRUM

É a reunião de um grupo em determinado espaço, na qual todos os membros têm a oportunidade de participar da discussão de um tema ou problema. Essa estratégia pode ser utilizada após os estudantes assistirem a um filme, lerem determinado livro, assistirem a uma palestra, fazerem um passeio ou visita, vivenciarem uma situação. Exercita operações de pensamento tais como: interpretação, análise, crítica, procura de suposições, hipóteses, síntese. Exige preparação prévia dos envolvidos.

Nessa estratégia, o professor expõe os objetivos, delimita o tempo total e parcial que cada um terá e define as funções dos participantes: a) Coordenador: dirige e organiza a participação do grupo, selecionando as contribuições para a síntese final; b) Grupo de síntese: realiza anotações significativas para organizar um resumo; c) Participantes: identificam-se pelo nome ao falar, dão a sua contribuição, tecem considerações e questionamentos.

A participação do grupo deverá ser garantida nos diferentes momentos do trabalho. Um membro do grupo de síntese relata o resumo elaborado.

Como avaliar? Os alunos serão avaliados conforme critérios estabelecidos anteriormente: participação como debatedor ou como público;

habilidade de atenção e concentração; síntese das ideias abordadas; argumentos consistentes, brevidade e objetividade ao falar; elaboração da síntese.

DEBATES

O objetivo é permitir ao participante expressar-se em público, diante de toda a turma, apresentando suas ideias, reflexões, experiências e vivências, ouvir os outros, dialogar, respeitar opiniões diferentes da sua, argumentar e defender as próprias posições. São pressupostos básicos: domínio do assunto pelo mediador; o tema indicado deve ser preparado pelos participantes do debate por meio de leitura de textos, artigos, pesquisas na internet, entre outros.

O mediador deverá garantir a participação de todos os demais, evitando que somente alguns se manifestem. No dia do debate, o professor assume o papel de mediador, abre o tema, fixa um tempo para a atividade e passa a palavra aos participantes. Daí para a frente, procurará garantir a palavra a todos para fazer comentários, apresentar questões, levantar dúvidas de compreensão do assunto, formular perguntas, complementar comentário do colega, e assim por diante. O mediador do grupo deverá estar atento para contornar monopolizações, trazer a discussão de volta ao tema central sempre que houver dispersões, administrar o tempo e orientar para que, ao final do debate, se possa chegar a algumas conclusões para seu fechamento e as questões não fiquem no ar.

AULAS PERSONALIZADAS

Visto que cada estudante tem habilidades diferentes, com ritmos diversos e variado background pessoal, entram em cena novas metodologias individuais de ensino focadas no aluno. Além disso, esses estudantes são convidados a "dar aulas", mostrando, assim, suas capacitações e modelos mentais distintos.

GAMES EDUCATIVOS

São os modelos mentais utilizados em jogos, por exemplo: a) a permissão e o incentivo para falhar e tentar novamente; b) a colaboração entre os jogadores; c) as oportunidades e os novos desafios; d) as diferentes áreas imaginativas trabalhadas ativam partes do cérebro responsáveis pela emoção e pela memória de longo prazo. Logo, a aprendizagem com base nesse modelo é uma importante ferramenta que vem sendo explorada.

MOVIMENTO MAKER

Nesse tipo de ambiente (os conhecidos *FabLabs*), os alunos são convidados a construir as próprias invenções e intervenções. Com laboratórios e salas equipadas com impressoras 3D, dispositivos robóticos, maquinário específico etc., os alunos se tornam protagonistas das "aulas", deixando os "professores" apenas como facilitadores.

AULAS INVERTIDAS

O conteúdo teórico das aulas tradicionais é disponibilizado totalmente on-line para que os alunos possam acessar o material em casa ou em seus celulares. Os encontros presenciais se tornam, então, uma troca de ideias do que já foi tratado e estudado individualmente pelos alunos.

AULA DIALOGADA

Na nossa proposta de Aula Dialogada, o ponto de partida do professor é o conhecimento prévio dos alunos. No diálogo, os conhecimentos devem ser questionados e analisados por meio do reconhecimento e do confronto com a realidade, enriquecido com as experiências tanto do aluno quanto do professor.

A Aula Dialogada proporciona a aquisição de conhecimentos e favorece sua análise crítica, resultando na produção de novos conhecimentos. Deve superar o papel verbalístico do professor, a relação unidirecional professor-aluno, bem como a passividade e imobilidade intelectual dos alunos, implementando a dialogicidade, a interação professor-aluno e a oportunidade de uma aprendizagem crítica, reflexiva e reelaborada. É uma abordagem que estimula a atividade e a iniciativa do aluno, sem deixar de lado a importância da iniciativa do professor e a sistematização dos conteúdos previstos. Pela originalidade do nosso formato e pela facilidade de implementá-lo, falaremos sobre ele em detalhes no capítulo 10, na expectativa de que, ao fim da leitura, você esteja apto a incorporá-lo no seu dia a dia.

RECURSOS AUDIOVISUAIS

Os recursos audiovisuais ampliam a compreensão dos ouvintes e os ajudam a reter as informações por tempo mais prolongado. O seu uso ordena e esquematiza melhor a sequência do discurso, auxiliando o executivo ou o professor a esclarecer e a reforçar as informações mais importantes. Podem, contudo, constituir uma armadilha, se não forem bem escolhidos e utilizados com habilidade.

O audiovisual pode ser empregado para: fazer comparações numéricas, apresentar dados estatísticos, destacar informações essenciais, expor dados técnicos ou científicos, ampliar a retenção de informações por parte dos ouvintes durante a fala, esclarecer conceitos, procedimentos ou técnicas, orientar raciocínio e possibilitar a visualização de objetos.

Um bom visual deve ser apropriado para a circunstância, visível por todos os participantes, limpo e arejado, esclarecedor sobre o assunto, além de preciso e eficiente.

Algumas diretrizes para a produção de um bom visual são: coloque um título, faça legendas, escreva com letras legíveis, limite a quantidade de tamanhos e letras, crie frases curtas, use poucas linhas, utilize cores, apresente apenas uma ideia em cada visual, utilize apenas uma ilustração em cada visual, retire tudo o que for dispensável ou incompatível com a mensagem.

Como dito, essas são apenas algumas técnicas. Há também: mesa-redonda, simpósio, dramatização, seminário, mapa conceitual, e tantas outras. As técnicas aqui apresentadas servem apenas como um recorte, pois são muito utilizadas em geral. Todas, porém, são eficientes, desde que usadas de modo correto, para o grupo correto, com o conteúdo correto. E, para que isso de fato aconteça, a seguir vamos falar sobre erros que comunicadores costumam cometer na preparação de suas apresentações, a fim de que você os evite.

UM BOM VISUAL DEVE
SER APROPRIADO PARA
A CIRCUNSTÂNCIA, VISÍVEL
POR TODOS OS PARTICIPANTES,
LIMPO E AREJADO, ESCLARECEDOR
SOBRE O ASSUNTO, ALÉM DE
PRECISO E EFICIENTE.

O MAIOR ERRO DO COMUNICADOR NA PREPARAÇÃO

Imagine a seguinte situação: um comunicador é convidado para falar sobre transformação digital em um importante evento. Ele não tem muitas informações sobre o público, sabe somente que será um congresso para pequenos empresários, aproximadamente 120 pessoas. Foi convidado porque é um pequeno empresário que, com a transformação digital, se tornou médio empresário. Participou de muitos eventos, conheceu o Vale do Silício, estudou várias fontes de literatura, ou seja, tem bastante material. Então, na hora de preparar a apresentação, ele reúne todos os slides que já tem sobre o assunto e, como já ouviu falar que deve ser um slide por minuto, resume esse conteúdo até chegar a 20 slides, pois sabe que terá 20 minutos para realizar a apresentação.

Está tudo errado. Ele deveria ter feito da seguinte maneira: pegar o planejamento que fez, usar uma folha de papel, resgatar sua mensagem e desenhar primeiro a "espinha dorsal" da apresentação. Com isso em mente, escrever um roteiro pensando nos momentos de interação e de exposição.

Entenda: não se trata apenas de preparar slides, é preparar um *pack* de materiais que faça sentido para o seu público. De quais materiais você precisa para atingir o que quer? Vá além da opção slides. Existe uma série de coisas que você pode usar para alcançar o seu objetivo. Alguns exemplos são: checklists, formas de se autoavaliar, indicação de livros, guias etc.

Pense se existe a possibilidade de enviar algo prévio para o seu público, o que chamamos de jornada da ativação. A pessoa tem uma experiência melhor numa reunião ou em uma palestra se você consegue enviar materiais antes e sensibilizá-la. Eis algumas ideias: formulário com perguntas relativas ao tema que será abordado, às expectativas do público ou questões pessoais do seu interesse. Também existe a oportunidade de gerar uma cauda longa, ou seja, uma experiência pós-apresentação ou aula. Por exemplo, enviar um material que não foi exposto na ocasião e que seja útil para o público, ou ainda uma pesquisa de satisfação quanto ao evento ou à aula.

Depois de ter conhecimento sobre os principais conceitos relacionados à aprendizagem, acrescidos dos passos de como preparar seu material de comunicação, você está pronto para dar o próximo passo rumo ao *core* desta obra e da nossa metodologia: técnicas de moderação de pequenos grupos.

Antes disso, porém, fica um ensinamento final: estabeleça uma agenda que possa ser compartilhada no início da interação ou omitida, se você preferir o suspense. Entretanto, nunca passe do tempo combinado, pois isso denota desrespeito ao outro, seja sempre muito organizado e tenha dinamismo. Depois de avaliar milhares de feedbacks após as atividades, um dos pontos que mais me chamou a atenção é como causa impacto positivo o respeito ao tempo e movimentos previamente acordados. Na prática, é deselegante quem estoura o tempo.

Moderação de pequenos grupos com interatividade estruturada

Neste momento, você sabe como preparar a sua comunicação: tem seus objetivos de aprendizagem traçados, tem ciência dos passos para conhecer a sua audiência, sabe como criar o roteiro e conhece como funciona o processo de aprendizagem. Você precisava dessa base para ter acesso às técnicas de moderação de pequenos grupos com interatividade estruturada, assunto deste capítulo.

As técnicas que apresento para você aqui têm como pilares fundamentais: exercer a empatia, provocar reflexão e trocar experiências. Elas constituem uma espécie de caixa de ferramentas da "escutatória". Enquanto a oratória se baseia na comunicação de uma mensagem de maneira clara e que acessa o "alvo", a "escutatória" se baseia no mecanismo inverso: é necessário compreender a fundo os participantes, envolvê-los de modo ativo para que atinjam os objetivos de aprendizagem em questão.

A seguir, vou lhe mostrar as principais características de cada uma das sete técnicas de moderação (chamar pelo nome, escuta atenta, perguntas abertas, parafraseamento, cadenciamento da discussão, sistematização das hipóteses, legitimação e empoderamento), para que você aprenda a aplicá-las na sua comunicação. Antes, porém, convido-o a mergulhar em três bases teóricas que, articuladas, mudaram completamente a minha vida profissional, pois permitiram que eu fosse muito além da bolha em que estava inserido: Aprendizagem Baseada em Problemas, mais conhecida como PBL (*Problem Based Learning*), a Curva de Adoção de Inovação de Rogers e os mecanismos intrapsíquicos da Influência Social.

Para compreender melhor o PBL, vale a pena ter em mente o contexto histórico em que ele surgiu. As grandes teorias psicológicas e científicas da pedagogia surgiram no século XX, incluindo o behaviorismo e a abordagem científica do ensino, o construtivismo e o socioconstrutivismo na educação e, finalmente, as ciências cognitivas e o ensino. A iniciativa pioneira em resolução de problemas surgiu nos anos 1930, na Harvard Business School. Contudo, foi somente nos anos 1960, na escola médica de McMaster, que ela tomou corpo e se espalhou para outras universidades, com destaque para a Universidade de Maastricht, na Holanda. Os pesquisadores dessas universidades começaram a pensar em diferentes maneiras de fazer com que as pessoas envolvidas tivessem uma taxa de aprendizagem maior.[36] O sucesso da iniciativa foi tão grande que o PBL se estendeu a várias outras áreas

---

36 BARROWS, H. S. A taxonomy of problem-based learning methods. *Medical education*, v. 20, n. 6, p. 481-486, 1986.

do conhecimento, incluindo ciências exatas e humanas. E, para minha sorte, fui treinado pelos melhores especialistas em PBL do Brasil antes que se tornasse a metodologia mais utilizada pela maioria das faculdades brasileiras de medicina.

Diferentemente do que muitos pensam, essa abordagem também utiliza aulas expositivas tradicionais para temas que dependem muito de aquisição de conceitos teóricos. Não faria o menor sentido discutir temas como esses em grupos com alunos que têm pouco conhecimento prévio no assunto.

Entretanto, a principal estratégia educacional do PBL são os chamados grupos tutoriais. Formados por oito a dezesseis alunos e um tutor, o "professor", esses grupos têm como objetivo facilitar o funcionamento e a relação entre os envolvidos, por meio da discussão de um problema.[37]

Além disso, o tutor é responsável por garantir que o grupo atinja os objetivos de aprendizagem predefinidos. Assim, em alguns casos, ele deve ter papel mais ativo, conduzindo o grupo para a análise adequada do problema. Contudo, as intervenções do tutor devem se limitar ao mínimo necessário, diferentemente do que ocorre em relação ao "professor tradicional".

A estruturação dos problemas – estudada no PBL– também merece menção, pois o segredo do método está exatamente na elaboração da narrativa dos problemas. Para isso, os problemas devem ser:

a) simples e objetivos, com o intuito de evitar falsas "pistas cognitivas", que desviam a atenção dos envolvidos. Se o enunciado do problema for muito complexo, pode comprometer o aprendizado e o interesse dos participantes;

b) motivadores, despertando o interesse e a curiosidade dos alunos presentes. Um excelente problema propõe e simula situações em que os envolvidos possam participar ativamente.

---

37 BARROWS, H. S. *op. cit.*

O TUTOR É RESPONSÁVEL POR GARANTIR QUE O GRUPO ATINJA OS OBJETIVOS DE APRENDIZAGEM PREDEFINIDOS.

Por fim, vale a reflexão das vantagens em termos de desenvolvimento humano do PBL: a) proporciona maior motivação dos participantes, uma vez que as atividades são mais dinâmicas e ativas (e não mais passivas, como na aula tradicional); b) desperta a curiosidade e direciona os participantes para conhecerem novas áreas do saber (as bolhas em que as pessoas estão inseridas são "quebradas"); c) estimula e desperta a criatividade, tanto na busca pelo conhecimento como no modo de tentar passar o conteúdo aos seus pares; d) estimula o pensamento crítico, uma vez que o próprio aluno questiona e refuta, o tempo todo, o conhecimento que está recebendo (diferentemente da aula tradicional, em que ele "aceita" tudo que é dito); e) forma pensadores analíticos e mais capacitados para tomar decisões, visto que estão trabalhando por si mesmos e são os responsáveis pelo próprio aprendizado; f) promove a prática do trabalho em grupo, expertise fundamental nos dias atuais; g) quando o aluno é protagonista, ele é estimulado a argumentar para defender suas ideias com seus pares. No longo prazo, ele se torna mais comunicativo.

Paralelamente a esse treinamento em PBL, tive contato com um conceito interessantíssimo que me trouxe muita clareza em relação a algo que sempre me incomodou quando eu fazia faculdade. Era muito comum os professores dizerem: "Vocês, alunos, terão chances iguais, desde que se dediquem aos estudos". Mentira! As pessoas são diferentes! Percebi isso dando aula como speaker e, como já estava em contato com profissionais de marketing, conheci algo que mudaria a minha história: a Curva de Adoção de Rogers, que classifica as pessoas perante a adoção de uma inovação em cinco categorias. Os entusiastas e os visionários compõem a minoria inicial do mercado. Já na maioria principal temos os pragmáticos, em relação ao novo produto, ideia ou conceito. Eles são ligeiramente diferentes da chamada maioria tardia, os ditos conservadores. Por fim, em um grupo retardatário, que costuma ser bem resistente ao novo, estão os chamados céticos, conforme representamos na figura a seguir.

FIGURA 2

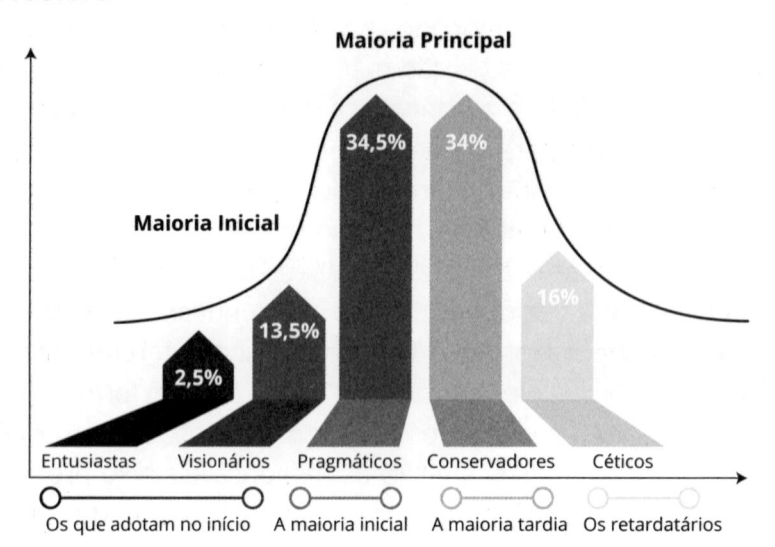

Modificado de Rogers, 2003.

Veja, na sequência, frases clássicas desses grupos que tornam sua tipificação relativamente simples, quando são abordados por alguém que quer convencê-los a adotar algo novo, como um novo tipo de smartphone, por exemplo:

- Entusiastas: Se é novo, eu quero!
- Visionários (Influenciadores): Conversei com muita gente na minha última viagem e li muito sobre seu produto/conceito/ideia e acho que faz sentido. Vou testar e te conto!
- Pragmáticos: Não serei o primeiro nem o último a testar!
- Conservadores: Está todo mundo adotando? Neste caso, eu também vou...
- Céticos: Prefiro continuar com o que é garantido e que sei que funciona!

Mas você deve estar se perguntando: qual é a relação entre PBL e essa Curva de Adoção? Para conectarmos os pontos, faltava a última peça do quebra-cabeça: como o ser humano se comporta na presença dos outros, a chamada Influência Social.

Como speaker, eu já havia observado que, mesmo dando uma superaula, boa parte dos presentes ficava de olho na reação dos chamados líderes de opinião. Percebi que isso era mais forte que qualquer estratégia educacional. E aí, sim, eureca! Estudei melhor o processo de indução coletiva e passei a testar vários formatos, até que cheguei ao modelo ideal. Na prática, é algo bem simples e definido como Conformidade, ou seja, o efeito que uma pessoa ou grupo exerce sobre as atitudes e o comportamento dos outros.

Isso é muito bem representado no maravilhoso filme *Doze homens e uma sentença*.[38] Nele, um jovem é acusado de ter matado o próprio pai. Quando vai a julgamento, doze jurados se reúnem para decidir a sentença, e onze deles têm plena certeza de que o jovem é culpado e votam pela condenação. Um jurado, no entanto, acha que é melhor investigar mais, para que a sentença seja correta, mesmo com a má vontade dos outros, que só querem ir logo para casa.

Se você tiver o controle da lista de convidados, componha a audiência da seguinte forma: 25% dos presentes devem ser visionários, os chamados influenciadores, pessoas que jogam a favor da sua ideia e do seu objetivo. Os 75% restantes devem ser pragmáticos ou conservadores, o que chamamos de *target*. Entusiastas podem estar presentes, mas definitivamente não convide os céticos! Mas calma, essa recomendação vale apenas para pequenos grupos, ou seja, até 22 pessoas, em que há controle da lista de convidados. Nos casos em que isso não é possível, tente sempre ter acesso prévio à lista de convidados e estude cuidadosamente cada um deles. Você poderá, desse modo, usar a influência social a seu favor, mesmo não tendo a proporção ideal de 25%/75%.

Você verá a seguir a primeira técnica avançada de moderação que vai lhe permitir navegar facilmente nessa verdadeira aventura que é a discussão em pequenos grupos. Na vida real, cada grupo é um grupo e isso é o mais fascinante![39]

---

38 DOZE homens e uma sentença. Direção: Sidney Lumet. EUA: United Artists, 1957. Vídeo (96 min). Disponível em: https://www.primevideo.com. Acesso em: 26 set. 2023.

39 O que fazer nas médias e grandes audiências? Recomendamos a identificação prévia de possíveis influenciadores e potenciais detratores. Lembre-se sempre de que todo ser humano tem "sensorialidade", a capacidade de ler o ambiente e, de maneira intuitiva, identificar quem poderá funcionar como influenciador e quem poderá ser um detrator.

Vamos começar? Veja, na figura a seguir, que provavelmente seja algo que você já faz, mas ainda não se deu conta disso.

FIGURA: 3

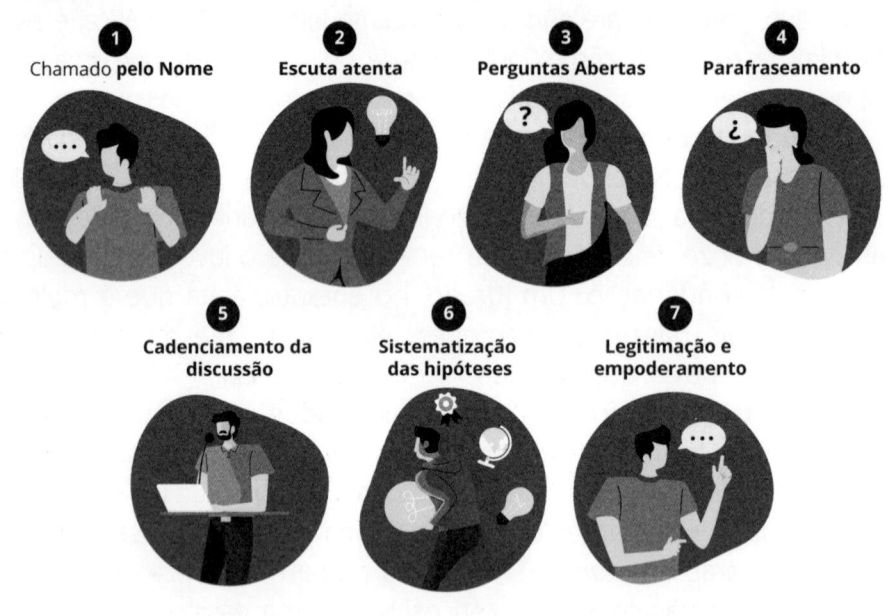

1. CHAMANDO PELO NOME

Imagine que você está em um país desconhecido. Qual é a palavra mais doce que você pode ouvir no meio de uma multidão? Seu nome! Foi Dale Carnegie quem originalmente assim descreveu, em 1936, no seu livro icônico *Como fazer amigos e influenciar pessoas*, e foi ele também a grande fonte inspiradora para a escrita desta obra.

Tendo isso em mente, desenvolvi essa técnica, que é o oposto do que a maioria dos professores pratica quando faz uma pergunta para o grupo. Em vez de fazer uma pergunta em aberto, direcione-a para determinado participante, chamando-o pelo nome.

Você deve estar se perguntando: Como fazer isso se eu não sei quem é quem naquele grupo? Basta usar o que denominamos "carômetro". É um desenho do espaço que está sendo utilizado.

Recomendo sempre um formato de U aberto, com a projeção disposta na abertura do U, de modo que você ocupe o lado esquerdo da projeção, pois o cérebro lê da esquerda para a direita.

Para construí-lo, peça às pessoas que se apresentem logo no início da atividade e, enquanto elas o fazem, escreva, em uma folha de papel, o nome e a posição delas, uma espécie de "croqui" do ambiente. Se for o caso, peça o auxílio de alguém para esse registro.

Coloque a folha à sua frente e a use como um mapa, se possível de forma que ninguém perceba, provocando o efeito "uau, como ele sabe meu nome?".

Os influenciadores, quando for o caso, devem ser marcados com asteriscos, para que você saiba quem são e para que possa conduzir a dinâmica chamando-os na hora certa.

FIGURA 4 "CARÔMETRO" PARA PEQUENOS GRUPOS DE ATÉ 22 PESSOAS

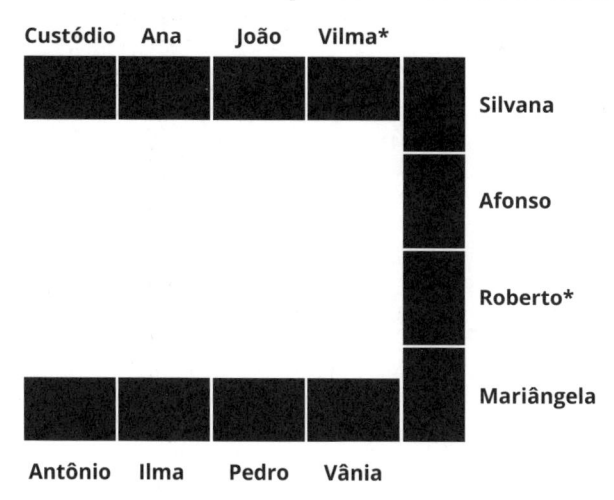

2. ESCUTA ATENTA OU ESCUTA ATIVA

É um ato ativo, diferentemente da escuta passiva, em que você somente escuta o outro sem assimilar e sem fazer conexões profundas com o que está sendo tratado, mesmo que haja algum efeito – como é o caso, por exemplo, de um pai falando irritado ou não; todos (principalmente

MESMO DANDO UMA SUPERAULA, BOA PARTE DOS PRESENTES FICA DE OLHO NA REAÇÃO DOS CHAMADOS LÍDERES DE OPINIÃO.

os filhos) percebem o efeito que se deseja alcançar. A escuta ativa, no entanto, busca "ouvir" o que está por trás daquela fala.

Uma metáfora interessante para se pensar nessa forma de escuta, utilizada por William Ury na mediação de conflito, decorre do fato de que, diante de um conflito, ele vai para o *"balcony"*, para uma sacada, uma galeria, a fim de observar de longe, de cima, toda a cena, visando entender tudo e todos os jogadores que estão participando da disputa (ou da discussão).

Na escuta atenta, "um olho tem que estar no gato e o outro no rato", já que o mediador deve estar alerta a todas as mensagens explícitas e implícitas (por exemplo, o corpo falando) enviadas pelos envolvidos na discussão. A visão periférica tem de estar treinada – é importante perceber o que está à volta também. O moderador tem de ler a pessoa de uma forma mais profunda. É nesse instante que percebemos quem pode contribuir, quem pode atrapalhar e quem não está interessado no tema discutido.

Quem pratica com primazia a escuta atenta tem o que chamamos de metacognição – uma habilidade/capacidade de enxergar por cima toda a cena, sem perder nada nem ninguém de vista. A escuta atenta, portanto, gasta muita energia e é parte fundamental do processo de moderação. Fica a dica de uma leitura complementar, que pode fazer toda a diferença: *Comunicação não violenta*, de Marshall B. Rosenberg.[40]

3. PERGUNTAS ABERTAS

A "pergunta aberta" é uma arte, uma técnica fundamental para o sucesso da moderação. Quando fazemos uma pergunta fechada, o receptor fica com a impressão de que estamos fazendo algum tipo de inquisição, de questionamento direto e centrado, e isso pode gerar grande constrangimento e distanciamento. O objetivo é trazer os participantes para a discussão, e não afastá-los. Nesse sentido, a pergunta aberta possibilita maior participação e envolvimento do público. Não há uma resposta única, permitindo-se a resposta de quem tem

---

40 ROSENBERG, M. B. *Comunicação não violenta*. São Paulo: Editora Ágora, 2021.

um grande nível de profundidade no assunto, ao mesmo tempo em que se facilita a resposta dos iniciados no tema. Cada um vai acessar seu banco de dados para responder à pergunta, iniciando-se, assim, uma discussão – que é o objetivo dessa parte do processo. Além de estimular a resposta, o moderador percebe o nível de conhecimento dos envolvidos.

Como bem colocado por William Ury, a pergunta aberta permite uma saída honrosa para aqueles que não sabem ou não estão por dentro do assunto, sem constrangê-los.[41] O segredo de fazer a pergunta aberta é estar ciente de que ela deve ser pertinente, estando correlacionada ao tema e demandando que o moderador "controle" os caminhos e a direção da discussão, para que ela não se perca. Aqui, a inflexão entonativa do moderador é fundamental: a forma de se colocar a pergunta é essencial. Além disso, a naturalidade e a espontaneidade são fundamentais para o sucesso da moderação. Parafraseando aquele ditado: "Perguntar não ofende", na verdade, ofende sim, dependendo do tipo e do modo de fazer a pergunta.[42]

Uma orientação final da neurociência é a importância das perguntas na ativação do conhecimento prévio, que deve ser ativado por meio de pistas contextuais e cognitivas, ou seja, por meio de questionamentos e considerações, o moderador deve "resgatar" a informação do "banco de dados" de cada um dos participantes, sem dar a resposta logo de imediato. De acordo com a Psicologia Cognitiva, o

---

41 Saída honrosa ou *golden bridge*. "A expressão '*golden bridge*' é atribuída ao estrategista militar chinês Sun Tzu, que, há 2.500 anos, escreveu um livro chamado *A arte da guerra*. Sun Tzu fala em construir para o seu oponente uma ponte dourada para que este pudesse se retirar sem constrangimento. Na negociação, de forma geral, eu diria que a ponte dourada (saída honrosa) é uma forma positiva para *ambos* avançarem." HOW do you build a golden bridge? William Ury. Disponível em: http://www.williammury.com/how-do-you-build-a-golden-bridge/. Acesso em: 29 maio 2023.

42 O livro *Spin Selling*, de Neil Rackham, é uma fonte importantíssima para compreender a diferença entre perguntas fechadas e abertas. Além disso, como fazer perguntas que explorem o problema, bem como perguntas que impliquem as consequências caso o problema não seja resolvido e finalmente perguntas de solução do problema, que sinalizam os benefícios da resolução do problema. Recomendo a leitura até a página 114, é um tema valiosíssimo para quem modera pequenos grupos.

conhecimento prévio é determinante para a capacidade de processar novas informações.[43]

4. PARAFRASEAMENTO

Parafrasear é relativamente uma técnica simples – repetimos o que foi dito a fim de esclarecer e dar foco aos pontos primordiais da discussão. Usando a técnica da espiral ascendente, após a escuta atenta e as perguntas abertas, o moderador percebe quem são os novatos na discussão e parte deles para construir e edificar os fundamentos da dinâmica.

Assim, o parafraseamento começa com as coisas mais simples que foram ditas, até atingir o cume do debate. Uma técnica interessante, muito utilizada por jornalistas de *talk shows*, é a de repetir a última frase pronunciada, mas, agora, tornando-a uma pergunta. Esse passo é fundamental para que a discussão não se torne quebrada, mas dinâmica e interessante, e todos participem. O bom moderador sabe interromper e dar foco para a conversa. Sabe enaltecer as partes importantes e deixar de lado o que não é importante naquele momento do debate.

Lembrando: o que está por trás de toda essa metodologia é possibilitar o processo de aprendizagem ativa. Sabendo exatamente aonde quer chegar, o moderador pode conduzir e orientar de modo mais eficiente.

5. CADENCIAMENTO DA DISCUSSÃO

Podemos pensar na figura do moderador como a do maestro. Diante dos participantes (musicistas), é necessário que o regente crie uma harmonia entre todos, para que todos participem de maneira cooperativa, produtiva e agradável. E, ao final, a figura do maestro (ou do moderador) não deve sobressair. Para isso, algumas técnicas são importantes:

---

43 BARROWS, H. S. *op. cit.*.

QUEM PRATICA COM PRIMAZIA
A ESCUTA ATENTA TEM O QUE
CHAMAMOS DE METACOGNIÇÃO.

1 – Estimular os que falam pouco: alguns são tímidos, mas todos devem ser incentivados a contribuir; prestar atenção ao fóbico social, aquele que tem tanto medo e pânico de falar em público (fica até ruborizado) que pode constranger e atrapalhar a dinâmica. Na maioria das vezes, porém, o tímido acaba se calando por não ser incentivado. O moderador, então, deve fazê-lo sentir-se confortável e, assim, ele participará ativamente da discussão.

2 – Tomar cuidado com os que falam muito: no início da dinâmica, deixar claro que todos os presentes devem participar igualitária e objetivamente. A maioria entende, mas alguns, não. Se o indivíduo é muito participativo e falante, uma técnica interessante para "freá-lo" é usar mensagens não verbais, como olhares desencorajadores, levantar as sobrancelhas etc., tudo para que ele perceba por si mesmo que está sendo inconveniente. E a mesma técnica de uso de encorajadores não verbais pode ser utilizada para quem fala pouco. Aqui é interessante notar que, dependendo do grupo, basta "regê-lo" como um maestro mesmo, apenas com sinais e olhares. Um grande problema nesse passo do processo é o indivíduo disfuncional em grupo. Mesmo tentando pará-lo, ele não se constrange nem se incomoda. A única (e melhor) solução é não convidar esse tipo de pessoa para participar da dinâmica.

6. SISTEMATIZAÇÃO DAS HIPÓTESES

Na aprendizagem ativa, os objetivos são predefinidos; logo, todos devem alcançar o nível de aprendizagem estipulado. Na prática, os experts acabam tendo insights antes dos medianos, por isso, é fundamental que o moderador conduza a discussão para puxar os que ainda não atingiram o objetivo de aprendizagem e pausar os que já chegaram lá. Por isso, a sistematização das hipóteses é um passo delicado e primordial. Aqui o mediador apresenta o que já foi discutido e tenta nivelar todos os participantes. A sistematização do que foi dito possibilita a reorganização do conhecimento – as reflexões, conexões e inferências de cada indivíduo são organizadas quando a informação é sistematizada e conectada pelo moderador.

A capacidade de elaboração e aplicação do conhecimento por meio de discussões em grupo possibilita que os participantes formem novas associações entre conceitos conhecidos e recebidos, enriquecendo as redes semânticas desenvolvidas. Quanto maior o número de associações criadas e mais ricas as discussões, melhor será a capacidade dos envolvidos de absorver e recuperar essas informações posteriormente. O moderador/tutor deve garantir a participação de todos os envolvidos, mantendo o foco das discussões no problema proposto. Além disso, ele deve desestimular a monopolização da discussão entre poucos membros do grupo, respeitar as opiniões individuais e garantir que tudo seja levado em consideração durante a discussão. Para a maior retenção de informação por parte dos envolvidos, ele deve, sempre que possível, resumir a linha de raciocínio e garantir que os objetivos de aprendizagem sejam atingidos.

7. LEGITIMAÇÃO E EMPODERAMENTO

Para a legitimação do conhecimento, um expert no assunto sempre faz parte da discussão. No início do debate, frisamos que entre os convidados há um especialista no assunto que vamos tratar. Para que esse especialista não avance e atropele, pedimos educadamente que ele nos espere e permita que alcancemos seu "nível". Assim, você legitima toda a discussão – afinal, estamos falando de algo pertinente e de forma séria e rigorosa –, e trazemos para o nosso lado o expert, não o deixando tomar conta da discussão nem ficar desatento (ele fará papel de árbitro atestando a credibilidade do assunto).[44] Na prática, trata-se de um tipo de aliança implícita muito comum em discussões de pequenos grupos.

A parte mais importante desse passo, no entanto, é o empoderamento. O que difere essas técnicas dos outros métodos e dinâmicas é atribuir valor tanto ao conhecimento acadêmico quanto à prática e à

---

44 Uma boa metáfora: "Colocar a coroa na cabeça do rei". Essa etapa da legitimação é importante para que os "egos" se dissipem. Já estamos atribuindo o notório saber do especialista; logo, ele já não terá mais que se impor e se mostrar a todo momento.

experiência de cada um dos indivíduos. Todos que participam da dinâmica podem e devem contribuir de alguma maneira para o enriquecimento que levará à aprendizagem. O médico, por exemplo, que não tem uma vivência acadêmica não é preterido (como em muitos casos) em relação ao professor-doutor. Ele tem, sim, algo com que contribuir e agregar à discussão. Todos se sentem – e essa é a função do moderador – empoderados.

Já perdi a conta das centenas de moderações que realizei em que a conformidade ocorreu quando foi garantida às pessoas a oportunidade de se expressar em público. Aliás, a necessidade de se expressar em público já foi muito bem descrita na famosa Pirâmide de Maslow,[45] denominada necessidade social.

45 MASLOW, A. *Motivation and personality.* 3. ed. Nova York: Harper Collins Publishers, 1970.

10.

Bases neurocientíficas

Com o intuito de reforçar o seu entendimento sobre as técnicas de moderação que acabei de explicar, em virtude do grau de importância do tema, vou dedicar algumas das próximas páginas para apresentar as premissas conceituais neurocientíficas. Assim, você terá uma base mais sólida em relação ao tema e poderá ter uma compreensão mais ampla. Mas não se preocupe se achar o assunto um tanto complexo, pois realmente é. Isso não compromete em nada a aplicação prática na vida real. De todo modo, creio que você vai achar no mínimo curioso entender por que alguns professores tornam tudo mais difícil.

O processo de aprendizagem envolve a construção e a automação dos chamados scripts por meio da percepção, codificação, processamento, armazenamento,

recuperação e utilização da informação.[46] A teoria da carga cognitiva de John Sweller pressupõe que a mente humana apresenta um
modelo de arquitetura cognitiva com três sistemas de memória: a
sensorial, a de trabalho e a de longo prazo.

a) Memória sensorial: canal de entrada da informação, relacionada às percepções do ambiente, com capacidade de armazenamento que dura cerca de um segundo.[47]

b) Memória de trabalho: organiza, compara e contrasta as
diferentes informações recebidas, disponibilizando-as em
uma espécie de "rede de informações" coerentes e repre-
sentativas e que se conectam aos conhecimentos prévios da
memória de longa duração.

c) Memória de longo prazo: onde ficam armazenados os scripts.
Nesse "lugar", há redução da carga cognitiva da memória de
trabalho e o objetivo é organizar as informações individuais e
buscar um script que represente determinada situação.[48]

A expertise, então, é a habilidade de reconhecer padrões comparando
o que é percebido com o domínio do conhecimento armazenado na
memória de longo prazo.[49] Isso ocorre, por exemplo, por meio de estudo
constante associado à prática contínua correta, possibilitando, assim, o
encapsulamento e a criação de scripts adequados do "histórico".[50]

---

46 SWELLER, J. Cognitive load during problem solving: effects on learning. *Cognitive Science*, v. 12,
n. 2, p. 257-285, 1988.

47 YOUNG, T. et al. What are the effects of teaching evidence-based health care (EBHC)? Overview
of systematic reviews. PloS One, v. 9, n. 1, p. e86706, 2014.

48 VAN MERRIËNBOER, J. J. G.; SWELLER, J. Cognitive load theory in health professional education:
design principles and strategies: Cognitive load theory. Medical Education, v. 44, n. 1, p. 85–93, 2010.

49 YOUNG, T. et al. *op. cit.*

50 CHARLIN, B. et al. Scripts and clinical reasoning: Clinical expertise. Medical Education, v. 41,
n. 12, p. 1178–1184, 2007. SCHMIDT, H. G.; MAMEDE, S. How to improve the teaching of clinical
reasoning: a narrative review and a proposal. Medical Education, v. 49, n. 10, p. 961–973, 2015.

O expert, quando comparado ao não expert, tem, portanto, capacidade de solucionar problemas com mais rapidez e segurança, visto que os analisa de maneira qualitativa e "global", percebendo e escolhendo as melhores estratégias "intuitivas" para a resolução de problemas, com menos esforços.[51]

Agora você deve estar pensando: *Como lições de neuroanatomia são chatas*. No entanto, não se acanhe. Lecionei essa disciplina por sete anos em uma faculdade de medicina e sei que a maioria dos alunos a detesta, e boa parte não a compreende profundamente. Mas eis que a vida me preparava para uma surpresa, que chamo de acaso e considero uma das ferramentas mais importantes para a aquisição de novos conhecimentos.[52]

Atento a ele, fiquei curioso com um livro mencionado por um paciente – o best-seller escrito pelo psicólogo e Prêmio Nobel de Economia Daniel Kahneman: *Rápido e devagar: duas formas de pensar*.[53] Foi uma descoberta que me reconectou com meus aprendizados.

Para minha surpresa, tudo o que eu estava estudando em neurociência do aprendizado ao longo de vários anos também vinha sendo estudado no campo da economia. Graças a esse insight, pude mais tarde me dedicar quase que exclusivamente ao tema nessa perspectiva econômica, quando passei um ano na Holanda, dentro de uma das maiores escolas de negócios do mundo.

Por essa lógica, percebemos que, para a solução de problemas, o cérebro pode seguir dois modelos de pensamento: rápido, intuitivo e automático, denominado "sistema 1", e outro lento, explícito e intencional, denominado "sistema 2". Em geral, o cérebro tenta primeiro usar

---

51 (PERSKY, A. M.; ROBINSON, J. D. Moving from novice to expertise and its implications for instruction. American Journal of Pharmaceutical Education, v. 81, n. 9, p. 6065, 2017. Disponível em: https://pubmed.ncbi.nlm.nih.gov/26154676/. Acesso em 27 set. 2023.

52 Serendipidade: descobertas e ideias afortunadas que surgem, aparentemente, ao acaso. Na atualidade, é considerada uma forma de criatividade, de estar atento ao acaso. Está relacionada ao desenvolvimento e à capacidade criativa de uma pessoa que alia inteligência, habilidade social e motora, curiosidade e senso de observação.

53 KAHNEMAN, D. Rápido e devagar: duas formas de pensar. Rio de Janeiro: Editora Objetiva, 2012.

A EXPERTISE, ENTÃO, É A HABILIDADE DE RECONHECER PADRÕES COMPARANDO O QUE É PERCEBIDO COM O DOMÍNIO DO CONHECIMENTO ARMAZENADO NA MEMÓRIA DE LONGO PRAZO.

o sistema 1, biologicamente mais econômico em termos de esforço cognitivo. Se, por algum motivo, o sistema 1 não é eficaz, o sistema 2 deverá ser utilizado. Embora o sistema 1 seja altamente eficaz na solução de casos rotineiros ou clássicos, ele não é isento do risco de falhas.

Para a solução de casos inabituais, seja pela parca experiência do profissional (cujo arquivo mental de scripts é inexoravelmente mais restrito), seja pela ocorrência que foge ao padrão clássico, a elucidação do problema não é possível pelo sistema 1 de pensamento. Essas situações exigem a utilização do pensamento lento e deliberativo relacionado às funções executivas complexas, próprias do sistema 2. Nesse modelo de raciocínio, procura-se a solução do problema por comparações aos protótipos, averiguando a existência de equivalências ou diferenças.

Apesar de ser atraente a ideia de explicar o processo de raciocínio pela teoria dual dos sistemas 1 e 2, ela serve mais do ponto de vista didático. Na prática, esses sistemas estão interligados como polos extremos e poucas vezes teremos a definição infalível utilizando apenas um deles isoladamente. A flexibilidade entre o uso do polo intuitivo (sistema 1) e o uso do polo analítico (sistema 2) desenvolve-se com a experiência do profissional. Para resolver problemas, profissionais mais experientes, quando comparados aos menos experientes, são mais perspicazes em identificar "pistas" ou padrões nos problemas que se apresentam, demonstram melhor competência de automonitoramento para detectar os próprios erros e são capazes de escolher táticas resolutivas mais eficazes e que exigem menos esforço cognitivo.

Muitos pesquisadores têm buscado estratégias que facilitem a aquisição dessa competência e que a favoreçam em fases mais precoces da formação profissional.

Sabendo mais sobre como a teoria da carga cognitiva influencia o processo de raciocínio e de memória, é possível pensar a comunicação de uma maneira mais direcionada. Contudo, esse ainda é um processo mais individual. A seguir, vamos falar sobre a discussão em grupo e a importância de levar em conta a diversidade na solução de problemas.

O fato é que uma discussão de problema em grupo pode ser de dois tipos de tarefa: a) tarefa intelectiva, quando a resposta é exata; b) tarefa julgamental, em que há certa subjetividade. O julgamento de um réu não confesso, por exemplo. Portanto, são tarefas complexas sem resposta exata. Em tarefas complexas e/ou situações complexas, muitas vezes o problema é misto. Alguns têm resposta exata e outros dependem do julgamento dos envolvidos. E aí está a mágica da diversidade.

Pessoas de diferentes origens têm diferentes maneiras de encarar os problemas – chamadas por Scott Paige de "ferramentas". A soma e o sucesso dessas ferramentas são muito mais poderosos em organizações com diversidade do que naquelas em que todos foram para as mesmas escolas, treinados no mesmo molde e têm o mesmo background. Ou seja, a que pensam diferente são mais eficientes em grupo do que as que pensam e têm formação quase idênticas.

Os problemas que enfrentamos no mundo estão cada vez mais complexos. Se perpetuarmos uma organização em que todos pensam similarmente, não haverá saída. Entretanto, se essas pessoas envolvidas tiverem ferramentas diversas e diferentes backgrounds, há uma possibilidade de ficarem presas em lugares diferentes. E esse é o grande insight. Uma pessoa fazendo o seu melhor pode auxiliar outra, também dando o melhor de si, e, juntas, elas se complementam. Dados empíricos provam que cidades são mais produtivas quando compostas por conselhos de administração mais diversificados e que empresas mais inovadoras são formadas por um pessoal mais diversificado. Na ciência, por exemplo, cada vez mais equipes de pessoas têm formação e ideias diversificadas. Essa é a razão pela qual o trabalho interdisciplinar é a maior tendência na pesquisa científica.

Scott Page em seu livro *The difference: how the power of diversity creates better groups, firms, schools, and societies*,[54] apresenta e discute um exemplo famoso. Em 21 de junho de 1999, Garry Kasparov – o então melhor e mais conhecido jogador de xadrez e campeão mundial – fez um jogo contra aproximadamente 50 mil jogadores. Entre essas pessoas, havia muitos amadores. Kasparov iniciou o jogo e cada movimento subsequente ocorreu 48 horas depois. Para determinar a jogada, os adversários postavam na internet a jogada e, por votação, a jogada era escolhida.

---

54 PAGE, Scott. *The difference:* how the power of diversity creates better groups, firms, schools, and societies. Princeton: Princeton University Press, 2007.

A multidão teve certa ajuda – uma gama de possibilidades de jogada foi disponibilizada por uma equipe de jovens mestres do xadrez, e nenhum deles tinha mais que 20 anos. Embora fossem ótimos jogadores de xadrez, nenhum era do calibre de Kasparov. Feita a votação, a jogada foi realizada e Kasparov então teve 48 horas para dar o próximo passo. Depois de 62 movimentos, Kasparov venceu. No xadrez, 62 movimentos provam que o jogo foi apertado. O coletivo de pessoas teve um desempenho muito melhor do que aquele que seria esperado de seus membros individualmente na partida.

Neste momento, convido você a refletir sobre as técnicas de moderação de pequenos grupos as quais acabei de apresentar. Como você as vê na sua comunicação? Como você se enxerga utilizando-as? É importante aproveitar essa oportunidade para assimilar bem o conteúdo. Assim, você estará mais apto a conhecer e a absorver uma poderosa ferramenta de comunicação e ensino que será abordada no próximo capítulo: a Aula Dialogada.

11.

Aula dialogada

Considerando toda a busca por uma comunicação mais eficaz e abrangente, a metodologia Aula Dialogada surge para capacitar o moderador com as ferramentas comunicacionais necessárias para um debate muito mais engajado e uma aula muito mais efetiva. Ela inova a dinâmica da aula expositiva ao inserir momentos de interação e diálogo de maneira estratégica, a fim de maximizar a retenção do conhecimento, sem comprometer o conteúdo apresentado.

Definida como uma metodologia composta de 2/3 de exposição e 1/3 de diálogos, a Aula Dialogada tem como maior peculiaridade e relevância a postura ativa do moderador, que conduz a interatividade de maneira estruturada e direciona a discussão para os objetivos de aprendizagem previamente traçados.

Após o plano de ação (estratégia), é necessária a definição dos objetivos de aprendizagem, a segmentação da audiência e a elaboração dos materiais. Por esse motivo, a Aula Dialogada é utilizada na abordagem com pequenos grupos, conhecida como técnicas avançadas de moderação.

Ela se encaixa também na abordagem didática e carisma, voltada para grandes audiências, na qual são fundamentais aspectos da comunicação verbal, não verbal e paraverbal, que, junto à comunicação científica, inclui elementos de design gráfico e *data visualization* baseados em como o cérebro absorve conceitos complexos – tema sobre o qual falarei com detalhes no próximo capítulo.

Por meio da já citada Pirâmide de Aprendizado, é possível compreender melhor como as abordagens utilizadas tanto em pequenos grupos quanto em grandes audiências acontecem. A Pirâmide de Aprendizado é, na verdade, um dos estandartes da andragogia, ciência que estuda a aprendizagem dos adultos. Já há algum tempo, essa ciência percebeu que o aprendizado do adulto é bem diferente do aprendizado da criança. O adulto costuma assimilar melhor os conhecimentos mais práticos e diretamente relacionados à própria vida, ou seja, questões que julga relevantes para resolver os problemas da vida real. Além disso, eles aprendem melhor em ambientes informais, flexíveis, acolhedores e sem intimidação externa.[55]

FIGURA 6:

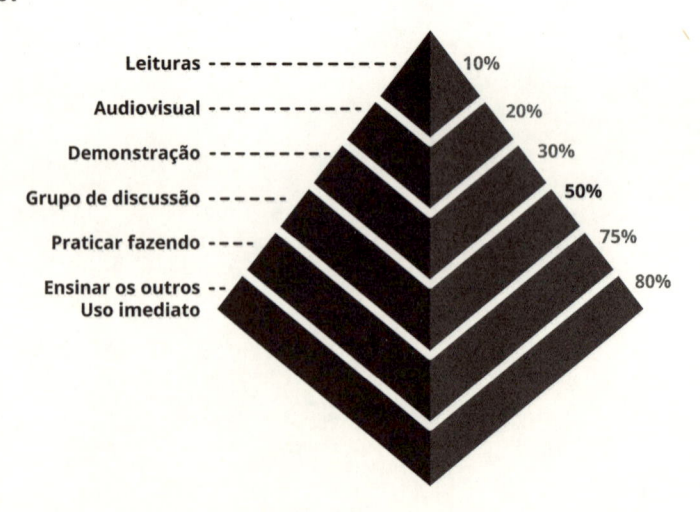

---

55 AUSUBEL, David. P. *Educational psychology*: a cognitive view. New York: Holt, Rinehart e Winston, 1968. 685 p.

A capacidade de elaboração e aplicação do conhecimento por meio de discussões em grupo possibilita que os participantes formem novas associações entre conceitos conhecidos e recebidos, enriquecendo as redes semânticas desenvolvidas. Quanto maior o número de associações criadas e mais ricas as discussões, melhor será a capacidade dos envolvidos de absorver e recuperar essas informações posteriormente. O moderador deve garantir a participação de todos os envolvidos, mantendo o foco das discussões no problema proposto. Além disso, ele deve desestimular a monopolização da discussão entre poucos membros do grupo, respeitar as opiniões individuais e garantir que tudo seja levado em consideração durante a discussão. Para a maior retenção de informação por parte dos envolvidos, ele deve, sempre que possível, resumir a linha de raciocínio e garantir que os objetivos de aprendizagem sejam atingidos.

A andragogia tem como foco o aluno e o seu processo de aprendizagem, muito diferente da pedagogia, que tem o professor e o conteúdo como pontos principais. E como o adulto é o protagonista, percebe-se um comprometimento maior na sua educação, uma vez que ele está consciente de que necessita aprender algo para crescer profissionalmente e tem conhecimento das suas responsabilidades, da sua experiência de vida e das implicações de suas decisões. Sabe das dificuldades e está motivado a enfrentar as situações reais que lhe são apresentadas, além de se sentir mais estimulado por questões pessoais/internas do que por fatores externos.

OS SETE PASSOS DA AULA DIALOGADA

O roteiro proposto, representado na Figura 7, otimiza a atenção dos participantes ao utilizar elementos bem definidos do mecanismo de aprendizagem cerebral. Vamos estudá-los a seguir.

A CAPACIDADE DE ELABORAÇÃO E APLICAÇÃO DO CONHECIMENTO POR MEIO DE DISCUSSÕES EM GRUPO POSSIBILITA QUE OS PARTICIPANTES FORMEM NOVAS ASSOCIAÇÕES ENTRE CONCEITOS CONHECIDOS E RECEBIDOS.

FIGURA 7

Os sete passos da Aula Dialogada

- **Passo 1 – Welcome:** O moderador dá as boas-vindas, explica a metodologia, pede às pessoas que se apresentem (Mapa da Empatia), esclarece que todas elas serão convidadas a participar e que serão necessárias colaborações curtas e objetivas para que a aula seja dinâmica. Ao serem chamados pelo nome, os participantes não devem se sentir arguidos, pois se trata de uma técnica para motivar a participação. Nesta fase, uma pessoa de apoio constrói um "carômetro", no qual sinaliza com asteriscos os visionários e os influenciadores.

- **Passo 2 – Hook (Gancho):** Nada provoca mais o interesse dos participantes do que mostrar somente uma parte de um caso clínico ou uma situação-problema e obter a atenção da plateia com perguntas retóricas sobre como seria a abordagem nessa circunstância.

- **Passo 3 – Introdução:** Acontece no formato expositivo, padrão TED Talks, em que alguns slides são apresentados com o intuito de ativar conhecimentos prévios e dar os insumos necessários para a discussão que virá a seguir.

- **Passo 4 – Diálogo I:** O moderador retoma o caso clínico ou situação-problema e puxa a discussão para as pessoas interagirem, tendo como base os objetivos de aprendizagem previamente traçados. Neste momento, são realizadas perguntas abertas que fomentem a interação e participação da audiência, promovendo-se, ainda, a troca de experiências.

- **Passo 5 – Conceitos principais:** É quando ocorre a apresentação dos principais conceitos envolvidos na solução do problema. Tratando-se de caso clínico, seriam as possibilidades terapêuticas.
- **Passo 6 – Diálogo II:** Nesta fase, ocorre novo diálogo a respeito de como seria a solução do problema, abordando-se as diversas opções existentes, ancoradas nos influenciadores. Há a realização de novas perguntas abertas que fomentam a interação e participação da audiência, promovendo-se, mais uma vez, a troca de experiências.
- **Passo 7 – Conclusão e clímax:** Nesta etapa, apresenta-se o desfecho do caso; em seguida, realiza-se o *take home messages* (mensagens a serem levadas para casa).

Agora mesmo você deve estar pensando que aquelas palestras ou aulas memoráveis às quais já assistiu não foram improvisadas como os palestrantes demonstraram. Os momentos de interação e diálogo, por exemplo, foram milimetricamente calculados e planejados. Por meio deles, o palestrante conseguiu fazer com que o público absorvesse a informação e interagisse. Agora você tem condições de perceber e, mais do que isso, de fazer o mesmo (do seu jeito, é claro).

É natural tentar imaginar como fazer tudo isso diante de grandes grupos ou grandes audiências. O importante é começar com pequenos grupos até adquirir prática. À medida que você vai se desenvolvendo como moderador, almejar um público maior faz parte do processo. Afinal, o que você tem a dizer e a compartilhar pode ajudar e impactar muita gente.

12.

Didática e carisma

Até agora, havíamos nos concentrado na comunicação em pequenos grupos. Neste capítulo, no entanto, vamos explorar uma tática de abordagem das grandes audiências. Aqui, dominar aspectos da comunicação verbal, não verbal e paraverbal é fundamental. Além da Aula Dialogada, que acabamos de abordar, entra em cena a comunicação científica, que inclui elementos de design gráfico e *data visualization* baseados em como o cérebro absorve conceitos complexos.

O QUE UM BOM ORADOR TEM

Um bom orador tem um conjunto de habilidades naturais ou adquiridas que facilitam sua performance durante a apresentação. Listei algumas das principais habilidades:

- Didática: Quem fala de modo pausado, claro e objetivo muda completamente o impacto da sua comunicação.
- Expertise no assunto: Autoridade na fala e credibilidade. É muito melhor ouvir alguém que não se comunica tão bem, mas que é consistente e sabe do que está falando.
- Empatia: Bons comunicadores não centram a atenção em si mesmos, eles conseguem abordar o assunto sob a óptica da audiência, o que é conhecido como exercício empático.
- Similaridade: É muito importante que o orador se vista, se comporte e gesticule conforme o esperado. A roupa que você veste e o fundo de tela que você coloca, por exemplo, influenciam a mensagem que você transmite. Deve haver uma congruência com quem você é.
- Carisma: Termo originário do grego *kharisma*, que significa "favor, dom divino". É o conjunto de habilidades que inclui o poder de cativar, encantar, fazendo com que a pessoa desperte o reconhecimento e a simpatia natural de todos ao seu redor.[56] De acordo com Aristóteles e outros estudiosos, carismático costuma ser aquele que se comunica utilizando a própria personalidade, com naturalidade e espontaneidade. Ele se expressa exatamente da forma que é, sempre com entusiasmo e um sorriso no rosto.

Além das habilidades citadas, um bom orador tem algumas atitudes importantes que impactam diretamente a apresentação:

- Planeja e se prepara (99% do sucesso);
- Leva em conta o que se espera dele como apresentador;
- Tem atitude positiva diante das situações, até mesmo das adversidades;
- Comunica entusiasmo e confiança;

56 CARISMA: o que é e qual a sua importância para o profissional? *Educa Mais Brasil*, 28 dez. 2021. Disponível em: https://www.educamaisbrasil.com.br/educacao/carreira/carisma-o-que-e-e-qual-a-sua-importancia-para-o-profissional. Acesso em: 3 mar 2023.

- Mostra interesse (pergunta, ouve, valoriza);
- Responde e satisfaz às expectativas;
- Motiva a ação (inspira e instiga);
- Aproveita as experiências dos participantes;
- Propõe situações e dinâmicas que tenham a ver com a rotina do público;
- Justifica a utilidade e a necessidade de cada conteúdo apresentado;
- Envolve os participantes em todo o processo de ensino;
- Conduz sessões de perguntas e respostas eficientes;
- Apresenta conteúdos por vezes complexos de forma simples e objetiva.

Um bom educador ou comunicador concentra suas estratégias não apenas no progresso cognitivo dos alunos mas também na motivação e nos estados afetivos deles. Esse profissional, segundo o artigo *The role of the lecturer or tutor: doing what effective tutors do in a large lecture class*, de William B. Wood e Kimberly D. Tanner,[57] apresenta as seguintes características comportamentais:

- São inteligentes – Possuem domínio total do assunto (conhecimento do conteúdo), ou seja, têm condições de responder a quaisquer dúvidas. Além disso, sabem ou intuem como os alunos aprendem e qual a melhor maneira de ensiná-los (inteligência pedagógica).
- São nutridores – São hábeis em criar relacionamento e empatia com os alunos na resolução de problemas desafiadores. São atenciosos e percebem o nível de motivação ou frustração de seus alunos. A maioria deles começa suas aulas fazendo perguntas aos alunos sobre aspectos da vida pessoal deles.

57 WOOD, William B.; TANNER, Kimberly D. The role of the lecturer as tutor: doing what effective tutors do in a large lecture class. *CBE Life Sciences Education*, v. 11, n. 11, p. 3-9, 2012. Disponível em: https://www.ncbi.nlm.nih.gov/pmc/articles/PMC3292071/. Acesso em: 9 jun. 2023.

- São socráticos – Oferecem pouca informação factual e não explicam as soluções dos problemas que seus alunos têm dificuldade em resolver; em vez disso, dão sugestões e fazem sondagens contínuas, tentando obter abordagens apropriadas para o problema em questão. No estudo, 90% de suas observações são perguntas.
- São progressivos – Por meio de um diagnóstico no início da aula, eles rapidamente identificam o nível de compreensão do aluno. Passam progressivamente para um trabalho mais desafiador: propõem um novo problema, diagnosticam dificuldades, fazem perguntas e fornecem dicas até uma solução ser alcançada e, então, passam para uma solução mais difícil.
- São indiretos – Nunca criticam diretamente os alunos ou os erros deles.

Um bom orador, além das habilidades e atitudes citadas, tem profundo entendimento sobre comunicação verbal, não verbal e paraverbal e sabe usar cada uma delas a seu favor.

COMO DESENVOLVER A COMUNICAÇÃO VERBAL, NÃO VERBAL E PARAVERBAL

Saber como cada modo de comunicação funciona na prática é fundamental para melhorar a sua maneira de realizar uma apresentação para grandes e pequenas audiências. Então, vamos analisar em detalhes cada um deles?

COMUNICAÇÃO VERBAL

Abrange os seguintes itens: falar de maneira clara e articulada, escrever, ler e interpretar corretamente, enviar códigos falados ou escritos, pedir ajuda, fazer perguntas, usar a voz. A fala é o sinal do nosso corpo durante a comunicação verbal.

UM BOM EDUCADOR OU
COMUNICADOR CONCENTRA
SUAS ESTRATÉGIAS NÃO APENAS
NO PROGRESSO COGNITIVO
DOS ALUNOS MAS TAMBÉM NA
MOTIVAÇÃO E NOS ESTADOS
AFETIVOS DELES.

Muitas vezes, quando estamos nervosos, trememos os lábios, gaguejamos e apresentamos uma expressão tensa. Quanto mais nos preparamos para a nossa apresentação e quanto mais soubermos o que acontece quando estamos no palco, mais chances teremos de nos aprimorar e reduzir o nervosismo.

É importante fazer pausas, de um a três segundos, durante a fala na apresentação. Elas ajudam o público a entender o conteúdo, suprimem vícios de expressão e promovem um sentido maior para a mensagem.

COMUNICAÇÃO NÃO VERBAL

Esse tipo de comunicação inclui: olhar, braços e pernas, expressão facial, postura geral, atenção e interesse.

O olhar é, provavelmente, a parte mais importante da comunicação não verbal. É fundamental planejar para onde você quer direcionar o olhar da plateia (para o slide, para você ou para a imaginação). Olhar diretamente nos olhos de uma pessoa da plateia faz com que essa pessoa e as demais prestem mais atenção à sua fala. Fique um tempo olhando para um ouvinte e, após alguns segundos, direcione o olhar para outro, de preferência abrangendo todo o espaço da plateia. Isso aumenta o seu alcance e o seu poder de influência.

A expressão facial também é um ponto importante. Quando você se comunica, precisa cuidar da sua face, usando-a conforme os seus objetivos. Assim, ela deve ser convidativa no início, com um leve sorriso, e combinar com a mensagem ao longo da apresentação. Os gestos devem ser soltos e acompanhar a fala. Cuidado com as mãos presas (bolso ou postura neutra) por muito tempo. A postura ideal para comunicar credibilidade é manter os pés paralelos e plantados no chão, com o corpo ereto e gestos soltos. Você pode caminhar, mas somente de vez em quando, para não demonstrar nervosismo.

Durante a comunicação verbal, quando falamos, o corpo dá sinais de comunicação não verbal, como a posição das mãos e a conexão visual. Os apresentadores nervosos, por exemplo, costumam apertar e desapertar uma caneta ou tampa, movimentar uma aliança e mexer no cabelo muitas vezes. Esses movimentos prejudicam o processo de comunicação e a imagem do apresentador.

A posição do tronco deve, em geral, ser inclinada em direção à audiência. A posição em diagonal permite criar movimentações e ter a atenção em você e distribuída para a tela. Em relação aos braços e às pernas, deve-se evitar gestos muito extensos, abruptos; a gestualidade deve ser natural, exprimindo a sua personalidade geralmente com gestos unilaterais e mais suaves. Deve-se evitar também movimentos da cintura para baixo e determinados gestos como cruzar os braços ou as pernas.

COMUNICAÇÃO PARAVERBAL

A linguagem paraverbal se refere ao conjunto de sons emitidos na comunicação, sendo, portanto, diretamente ligada ao uso da voz. A voz é capaz de gerar engajamento, deixar clara a intenção do discurso e transmitir maior veracidade. Procure sempre imprimir expressividade na fala.

O tom é influenciado por fatores fisiológicos, como idade, constituição física e contexto. O ritmo interfere na autoridade das palavras proferidas em um discurso. Um ritmo lento e com frases intercaladas com longas pausas, por exemplo, passa solenidade à mensagem.

Quando eu trabalhava como professor de cursinho, vivi um dilema com a minha voz. Apesar de a instituição oferecer microfones, a maioria dos bons professores, pelo menos os mais bem avaliados, preferia a voz natural. Contudo, comecei a ficar rouco e, é claro, muito preocupado, afinal, a minha voz era e continua sendo o meu bem mais precioso profissionalmente. Em primeiro lugar, procurei uma fonoaudióloga, que me ensinou exercícios, mas o que virou o jogo foi fazer aulas de canto e cuidar da voz com muito carinho. Selecionei algumas técnicas interessantes de uma plataforma on-line[58] colaborativa, as quais compartilho com você:

---

58 DORL, R. 8 exercícios vocais para proteger e melhorar a voz. Cifraclub, 4 nov. 2022. Disponível em: https://www.cifraclub.com.br/blog/8-dicas-e-exercicios-preciosos-para-proteger-sua-voz/. Acesso em: 31 maio 2023.

- Alongamento e relaxamento: dê aquela esticada nos músculos do tronco e do pescoço, lembrando-se de soltar bem os braços e os ombros para eliminar qualquer tensão desnecessária.
- Exercícios de respiração: a voz é simplesmente o ar (respiração) acrescido de um som articulado. Então, conhecer bem a própria respiração e aprender a controlá-la é indispensável para quem deseja se profissionalizar na comunicação.
- Em primeiro lugar, sua respiração precisa estar baseada no **diafragma**, que é uma membrana que separa o tórax do abdome. A partir daí, você precisa controlar o fluxo e a quantidade de ar que vai direcionar à sua voz.
- Aquecimento vocal: prepara a voz para que ela esteja em sua melhor forma na hora de comunicar. Além disso, ele também conta com **exercícios para proteger a voz** de uso inadequado e que possa causar algum ferimento.
- Há um número bem grande de **exercícios para aquecer a voz**, como ficar "mastigando" a letra "m" ou vibrando a língua com a letra "r".
- Exercícios de dicção: **articular bem as palavras** para que cada sílaba e som sejam perfeitamente audíveis e compreensíveis. Por isso, é importante treinar a dicção com exercícios de trava-língua, por exemplo, ou falando muito devagar e abrindo bem a boca, prolongando as vogais.
- Desaquecimento vocal: **desaquecimento** ao fim do seu treinamento ou após fazer uso da voz em apresentações. Assim, você reorganiza seu corpo para voltar às configurações da voz falada e evita desgaste desnecessário da musculatura usada para o canto.
- O que fazer para cuidar da voz?
  Uma das principais preocupações que você deve ter é a de **manter a garganta sempre bem hidratada**. Ademais, adotar hábitos saudáveis na vida só trará benefícios à sua voz.

- O que não fazer para cuidar da voz?

  Existem alguns hábitos e alimentos que podem danificar sua voz de forma irreversível! Você não vai querer isso para o seu instrumento de trabalho, não é? Portanto, por mais custoso que isso seja para muita gente, é preciso abandonar hábitos nocivos e evitar substâncias que provoquem danos!

Em uma apresentação, os três tipos de comunicação citados são importantes, obviamente. Devemos, contudo, ficar ainda mais atentos às formas não verbais, especialmente à linguagem corporal – gestos, postura e expressões faciais –, pois muitas vezes não as percebemos (fazemos de modo inconsciente).

Agora, você já conhece os aspectos da comunicação verbal, não verbal e paraverbal, itens fundamentais para seguirmos adiante. O próximo tema envolve a comunicação científica, que prepara a abordagem de grandes audiências.

COMUNICAÇÃO CIENTÍFICA – DESIGN GRÁFICO E *DATA VISUALIZATION*

Por meio dos recursos da comunicação científica, você é capaz de criar a melhor narrativa para transmitir suas mensagens e, durante o processo, engajar o seu público. Os dois principais recursos que apresento aqui são o design gráfico e o *data visualization*.

DESIGN GRÁFICO

Ao criar a sua apresentação, é fundamental saber como o cérebro das pessoas funciona ao assistir a algum conteúdo, afinal quanto mais informações você tiver sobre isso, mais preparado estará. O cérebro presta atenção àquilo que é mais importante naquele momento e menos atenção a informações secundárias. Ele vai interpretando os sinais do ambiente e classificando o que deve receber atenção e o que deve ser deixado de lado.

QUANTO MAIS NOS PREPARAMOS
PARA A NOSSA APRESENTAÇÃO
E QUANTO MAIS SOUBERMOS O QUE
ACONTECE QUANDO ESTAMOS NO
PALCO, MAIS CHANCES TEREMOS
DE NOS APRIMORAR E REDUZIR
O NERVOSISMO.

Agora considere essa informação durante a sua apresentação. A sua plateia fará isso o tempo todo com o que você tem a mostrar. Quando olhamos para uma imagem, o que a nossa visão primária vê são manchas de alto contraste, sem sabermos exatamente o que estamos vendo. Em um segundo momento, passamos a ver as linhas de cada imagem e conseguimos entender melhor o que estamos vendo. Isso ocorre pela diferença de tempo que existe ao processar a nossa visão primária e secundária. O cérebro absorve a cor, por exemplo, muito mais rápido do que interpreta a palavra escrita.

As pessoas prestam muito mais atenção nas quebras de padrão do que nos próprios padrões, que, às vezes, podem passar despercebidos. Por isso, é importante seguir uma linha de design quanto às cores e ao padrão geral, mas, sempre que possível, variar os elementos, para não ficar repetitivo. Insira quebras, elementos surpresa, diferentes formas de passar a mensagem. Isso dá uma dinâmica interessante à sua apresentação.

Porém, se você quebrar o padrão de maneira desarticulada, destoando muito e saindo de um conceito visual, pode, como Daniel Kahneman, Olivier Sibony e Cass Sustein [59] falam em seu livro *Ruído*, gerar um ruído cerebral. Portanto, o equilíbrio, nesse caso, é a melhor opção.

A seguir, compartilho com você alguns itens fundamentais para ajudá-lo a criar uma apresentação atrativa e organizada.

- **Agrupamento** – Reúna as informações mais importantes e as menos relevantes, ou seja, as primárias e as secundárias, mas organize-as na sua apresentação nessa ordem de importância. Exclua todo e qualquer dado desnecessário. Existe um volume máximo de itens que cabe em um slide. Em relação ao texto, fique atento à quantidade. Use no máximo o equivalente a um parágrafo de cinco linhas. Pense no agrupamento de informação não só dentro de um slide mas também entre os slides.
- **Contraste** – É o que mostra, em uma comparação, a oposição ou a distinção entre coisas ou pessoas. O contraste é

---

59 KAHNEMAN, Daniel; SIBONY, Olivier; SUNSTEIN, Cass R. *Ruído*. Rio de Janeiro: Objetiva, 2021.

uma maneira de separar bem os blocos de dados no slide e chamar a atenção para determinada informação. Existem três tipos de contraste: cor, tamanho e natureza.

- **Cor** – Como existem inúmeras possibilidades de cores disponíveis, uma dica é escolher e utilizar uma paleta para as suas apresentações. Uma paleta de cores é uma amostra menor de quantidade de cores que combinam entre si. Se você tem uma marca com as cores predefinidas, utilize-as nas suas apresentações. Existem alguns sites que podem ajudar você nessa tarefa. Alguns exemplos: coolors.co, color.adobe.com, shutterstock.com, toptal.com, flatuicolors.com.

- **Fontes** – São a voz do texto. Assim como as cores, existe uma infinidade de opções disponíveis, por isso, é importante ter foco. Cada fonte tem a própria voz e elas podem ajudar a contar a sua história. Novamente, se você tem uma marca e um padrão de fontes que já utiliza, continue com ele. Tome cuidado para que a fonte seja legível e que passe a mensagem desejada por você.

- **Alinhamento e espaçamento** – Fazem parte da lógica que você usa para posicionar as suas informações no slide. Para definir essa parte, use como guia a harmonia visual, a facilidade de leitura e o padrão estético desejado.

- **Templates** – Ajudam a colocar suas ideias em formato de apresentação. Cada template segue um padrão estético já pronto, o que economiza tempo e garante uma estética minimamente agradável. O ideal é criar os próprios templates para se diferenciar, uma vez que as opções disponíveis em sites de criação como o Canva, por exemplo, são utilizadas por muitas pessoas em posts e na comunicação em geral. Mantenha um padrão para a sua apresentação. Por exemplo, toda página de citação acompanhada por uma foto do autor. Contudo, preste atenção: ter um padrão não significa criar todos os slides com o mesmo layout. Intercale-os para despertar o interesse do público.

Além disso, você também pode utilizar alguns recursos para se diferenciar na sua apresentação, como ícones, imagens, texturas, tabelas, gráficos, transição entre os slides, vídeos (relacionados com o conteúdo), gifs, áudios, balões explicando gráficos, ilustrações, animações, entre outros que você considerar adequados para a sua mensagem.

Com essas dicas básicas sobre design gráfico,[60] você terá mais facilidade na hora de criar as suas apresentações.

DATA VISUALIZATION

O *data visualization*[61] ou visualização de dados é a utilização dos recursos do design gráfico para melhorar a compreensão das pessoas e despertar maior interesse no conteúdo. É a maneira visual com que se apresenta um conteúdo. Você até pode mostrar dados estatísticos ou os resultados de uma pesquisa de modo escrito, isso seria legível, mas não interessante, e demandaria muito esforço do público para entender as informações apresentadas.

O *data visualization* desperta maior atenção aos detalhes, provoca uma resposta emocional (as pessoas costumam reagir de maneira mais intensa a uma imagem do que a um conjunto de palavras). Além disso, é mais compartilhável, possibilita comparações fáceis, o que auxilia na compreensão da mensagem. Permite também previsões rápidas, gera mais impacto e favorece a tomada de decisão.

Desde que William Playfair nos apresentou o gráfico de linhas e o gráfico de barras, muitas representações visuais foram usadas para expressar conceitos e estudar variáveis. O gráfico de linhas talvez seja

60 CHORA PPT. *Perestroika*. Disponível em: https://mir-production.s3.amazonaws.com/mir/arquivos/Chora_PPT_Online_Material_Complementar_pMm2Sul.pdf?AWSAccessKeyId=AKIAJY2CIGDUJPFESC4A&Signature=zrqeDIxXJQmsEtxlcClG0%2FNHrEk%3D&Expires=1673709620. Acesso em: 24 fev. 2023.

61 DATA visualization: o que você precisa saber para apresentar dados de forma simples e compreensível. *Rock Content*, 4 jun. 2020. Disponível em: https://rockcontent.com/br/blog/data-visualization/. Acesso em: 23 fev. 2023.

a forma mais conhecida de reproduzir algo visualmente, mostrando uma linha e comunicando a ideia de continuidade. Existem, no entanto, vários outros formatos, como:

- Gráfico de barras: um conjunto de barras categoriza diferentes pontos de dados;
- Gráfico de área: várias camadas formam uma área abaixo da linha;
- Gráfico de pizza: define partes de um todo usando a metáfora de fatias de uma pizza;
- Mapa de calor: é um mapa com cores diferentes para representar níveis distintos de intensidade;
- Gráfico de marcadores;
- Gráfico de dispersão;
- Histograma;
- Gráfico de bolhas.

Como você já deve ter reparado, a velocidade com que o design gráfico se transforma e evolui é impressionante, em grande parte graças aos avanços da computação e da internet. Por isso, é importante conhecer algumas tendências de *data visualization* para ser capaz de usá-las na sua comunicação. Entre essas tendências, estão o conteúdo cada vez mais interativo, a responsividade (ferramentas fáceis de usar no dia a dia), a integração de dados (a tecnologia permite a coleta e o processamento de grandes quantidades de informações). Além disso, uma grande tendência é a colaboração social, ou seja, as ferramentas especializadas também se concentram no social, permitindo que os usuários contribuam com indicadores, dicas visuais e interpretações de números. Atualmente, essa tendência é bastante valorizada e capaz de criar interação e engajamento do público com marcas e profissionais. O suporte de soluções especializadas, outra importante tendência do *data visualization*, promove interação dinâmica em tempo real com números, segmentação fácil de fazer e manipulação gratuita de informações em formas que mostram diferentes aspectos de cada indicador sendo visualizado.

Vale ressaltar que você não precisa ser um expert em design gráfico e *data visualization* para criar apresentações de sucesso. Existem profissionais especializados nessas áreas que podem ajudá-lo. Entretanto, quanto mais você conhecer a respeito desses universos, mais apto estará, até mesmo para acompanhar o trabalho desses profissionais.

FORMATOS DE COMUNICAÇÃO AO VIVO E ON-LINE

Para a comunicação científica, para uma comunicação corporativa, para um empresário com a própria empresa ou para um profissional liberal, a técnica mais importante para ter uma comunicação eficaz é saber contar histórias. Já entramos nesse assunto quando falamos de storytelling e da Jornada do Herói.

Desde os primórdios, contamos histórias naturalmente. Contudo, o TED Talks – conferências de tecnologia, engenharia e design – trouxe alguns elementos novos e disruptivos. A regra é que você não pode dar uma aula megatécnica. É preciso capturar a atenção da audiência em poucos minutos, ensinando ao mesmo tempo que entretém. O modelo virou um sucesso no mundo todo.

Os idealizadores do TED Talks sabiam que as histórias, antigamente, eram contadas ao lado de fogueiras e perceberam que essa fogueira contemporânea era e ainda é a internet. Ou seja, é possível juntar bilhões de pessoas ao lado de uma fogueira e ouvir histórias.

Esse estilo TED Talks é fundamental para quebrar alguns velhos paradigmas em relação à comunicação. O comunicador científico não é um comediante e muito menos um ator. No entanto, ele deve perceber que o local da apresentação é uma espécie de palco e, por isso, deve dar uma aula ou palestra contando uma história de maneira leve e sucinta.

COMUNICAÇÃO ON-LINE

No ambiente digital, temos alguns formatos de comunicação particulares, os quais você provavelmente já deve conhecer, como cursos hospedados em plataformas específicas, aulas em plataformas de vídeo, aplicativos de aprendizagem, entre inúmeras outras possibilidades.

A fim de conseguir obter a mesma conexão de mão dupla, até então conquistada durante as aulas e apresentações presenciais, é necessário atentar-se para alguns elementos fundamentais:

- Imagem pessoal – Observe sua postura, roupas e acessórios e tome cuidado para não chamar muita atenção;
- Plano de fundo – Atente-se quanto à escolha do que aparecerá ao fundo no momento de uma reunião virtual ou gravação de vídeo. Prefira locais sem fluxo de pessoas;
- Iluminação – O ponto de luz deve ficar sempre na sua frente no momento de uma reunião on-line ou gravação de vídeo;
- Áudio e microfones – Faça testes de áudio e verifique se a acústica do local requer o uso de microfone (para o som não ficar abafado e para evitar ruídos);
- Utilização de softwares – Aprenda com antecedência a dominar o software com o qual pretende trabalhar, a fim de não titubear em frente à audiência;
- Teste de conexão – Cuide da qualidade da conexão da sua internet;
- Enquadramento – Utilize o tradicional enquadramento americano (do busto para cima);
- Apresentação – Selecione bem o que você pretende usar como elemento, opte por uma apresentação sua ou por uma padrão e defina como utilizará o ambiente digital.

Sobre como interagir com a tela virtual, é importante atentar-se aos itens listados a seguir:

- Posicione-se de maneira correta em frente à tela. Fixe o notebook ou iPad de modo que o aparelho não fique balançando (tremendo) durante a interação;
- Levante o notebook a fim de que a câmera fique na altura dos olhos (não posicione a câmera de baixo para cima, mostrando o teto, por exemplo);

VOCÊ NÃO PRECISA SER UM
EXPERT EM DESIGN GRÁFICO E
DATA VISUALIZATION PARA CRIAR
APRESENTAÇÕES DE SUCESSO.

- Mantenha um braço de distância entre você e a câmera do notebook (nem muito perto nem muito longe);
- Treine as ênfases para quebrar a monotonia;
- Não deixe uma imagem (slide) parada por muito tempo na frente do seu cliente;
- Quanto mais transição (movimento) melhor, a fim de entreter e engajar a sua audiência;
- Olhe direto para a câmera (chame a atenção com um post-it), como se estivesse olhando nos olhos da pessoa, afinal, toda a sua audiência está naquele pontinho.

O fato é que hoje em dia, dada a economia da atenção,[62] as pessoas não têm tempo. Tanto é que muita gente só ouve os áudios de aplicativos de mensagem na velocidade 2x. Levando isso em consideração, essa nova geração de start-ups se viu diante da necessidade de explicar o que fazem para obter investimento. Cunhou uma técnica chamada *elevator pitch*, que funciona assim: eu pego o elevador com alguém até o décimo segundo andar e tenho alguns minutos para me apresentar e vender a minha ideia ou projeto para obter ajuda. No nosso modelo de *elevator pitch*, temos três minutos. Usamos uma coisa legal, que é o gongo. Após três minutos, batemos o gongo.

Hoje, o orador precisa conhecer e treinar a estrutura de *pitch* e ser capaz de se comunicar de maneira concisa e persuasiva. Nesse contexto, Susan M. Weinschenk, no livro *Apresentações brilhantes*,[63] diz que a atenção plena ocorre dentro de dez minutos, alguma atenção dentro de vinte minutos, a boa atenção em cinquenta minutos, depois ela se dispersa.

---

62 "A economia da atenção é uma forma de gerenciar informações e trata a atenção humana como um bem escasso. Cunhado pela primeira vez em 1971 pelo economista, psicólogo e cientista político Herbert Alexander Simon, o termo explica como a atenção pode ser capitalizada e tratada como uma mercadoria." OLEGARIO, Aldrey. Economia da atenção e universo das telas: entenda por que é tão difícil se desconectar. *AUN – Agência Universitária de Notícias*, 2 set. 2021. Disponível em: https://aun.webhostusp.sti.usp.br/index.php/2021/09/02/economia-da-atencao-e-universo-das-telas-entenda-por-que-e-tao-dificil-se-desconectar/. Acesso em: 3 mar. 2023.

63 WEINSCHSENK, Susan M. *Apresentações brilhantes*. Rio de Janeiro: Sextante, 2014.

COMUNICAÇÃO AO VIVO – AULA EXPOSITIVA

A aula expositiva é uma das técnicas de ensino mais conhecidas e tradicionais, em que o professor apresenta as informações para a turma de forma oral com o objetivo de transmitir conhecimentos e conceitos. Se utilizada com planejamento e inteligência, a aula expositiva pode complementar a apresentação de modo muito eficaz.

A seguir, vamos nos aprofundar em alguns elementos importantes em uma aula expositiva.

- Expressão corporal – Pode-se atribuir a ela o peso de 55% na capacidade de transmitir a mensagem, ao tom de voz, 38% e às palavras ditas, apenas 7%. Portanto, o gestual, a postura e os movimentos devem ser utilizados adequadamente. Além deles, o contato visual é fundamental no processo. Focar determinada pessoa ou grupo por um a três segundos, variando esse contato com toda a audiência, é uma ótima ferramenta didática.

- Análise da audiência – Talvez seja o ponto mais importante na preparação de uma apresentação. O conteúdo pode ser o mesmo, mas uma discussão com generalistas é bem diferente daquela realizada com especialistas. Além disso, características específicas do grupo devem ser consideradas. O que os participantes valorizam mais? Qual é o perfil? O sucesso de uma boa apresentação é direcioná-la à audiência, e não a si próprio.

- Sequência didática – É fundamental seguir uma linha de raciocínio e isso nem sempre é fácil. A mensagem é bem passada quando as informações são apresentadas dentro de um contexto com início, meio e fim. Professores habilidosos fazem com que os alunos acompanhem uma viagem. Para isso, é necessária uma preparação cuidadosa, repassando mentalmente como as informações serão concatenadas.

- Duração – Não há justificativa para ultrapassar o tempo previamente definido. Isso denota falta de planejamento ou desrespeito com a audiência. Uma boa medida é utilizar o número de slides igual ao número de minutos menos um (por exemplo, se o tempo da aula for de 30 minutos, deve conter 29 slides). Isso permite que o ritmo da apresentação seja tranquilo, sem os atropelos costumeiros dos minutos finais. Lembre-se de que a apresentação deve deixar uma sensação de "quero mais", e não de esgotamento.

- Interatividade – A plateia, ainda que formada por grandes grupos, percebe quando o palestrante se faz presente e interage. O entusiasmo é fundamental para impactar os participantes. Transformar o nervosismo, que é inerente ao ato de falar em público, em energia para passar a mensagem é uma boa estratégia. A apresentação deve ser dinâmica e absolutamente alinhada com os participantes.

- Fala – Deve haver variação da entonação para facilitar a comunicação, o que melhora muito o desempenho didático. Além disso, deve-se falar com clareza. Isso por si só pode assegurar uma boa apresentação. Deve-se ter cuidado com a utilização de linguagem rebuscada. Esse tipo de abordagem faz sentido em contextos específicos nos quais há mais formalidades. Caso contrário, procure falar de maneira simples e será bem entendido.

- Introdução e conclusão – São momentos críticos da apresentação. Na introdução, é fundamental obter a atenção dos participantes. Toda a aula pode ser perdida se isso não acontecer. Uma boa estratégia é memorizar três pontos e discorrer sobre eles naturalmente: a apresentação de si mesmo, o agradecimento aos presentes e o propósito do encontro. É uma boa hora de usar o cunho pessoal para estabelecer vínculo com os participantes. A conclusão deve seguir o mesmo caminho. É nela que fica a impressão final de todo encontro. Deve, portanto, "costurar" as mensagens repassadas e finalizar com uma intervenção de impacto. Essa intervenção pode ser de agradecimento ou uma provocação para reflexão de algo importante. Reitero: esse é um bom momento para comentários pessoais.

- Checar equipamento e local – Uma visita prévia facilita muito a ambientação e diminui o nervosismo dos primeiros minutos, que é natural quando se apresenta em público. Além disso, vale a pena verificar se os slides estão bem configurados no computador que será utilizado, incluindo o funcionamento dos vídeos. Não é raro ver palestrantes lamentando e se desculpando porque houve uma falha técnica que comprometeu a apresentação.
- Slides – Uma boa prática é conter até seis sentenças com até seis palavras cada um. Portanto, servem para apresentar tópicos, figuras ou gráficos.
- Pergunta – Deve-se previamente avaliar quais delas provavelmente serão feitas e estar atento a possíveis questionamentos polêmicos ou hostis.

OS CINCO ERROS MAIS COMUNS DA AULA EXPOSITIVA

Conforme comentei anteriormente, a aula expositiva é o modelo de ensino mais antigo e carrega muitos erros com os quais podemos aprender para nos aprimorar cada vez mais.

Para começar, vamos falar sobre a primeira impressão ruim. A inadequação de qualquer natureza diante da audiência cria resistência e dificulta que a mensagem seja passada. Deve-se ter muito cuidado com piadas inapropriadas ou comentários pejorativos ou sectários.

A falta de objetividade e clareza é o segundo erro mais comum de algumas aulas expositivas. Não é a demonstração de erudição que torna o palestrante didático. Apresentações prolixas costumam dispersar completamente a audiência. Para evitar esse erro, busque o máximo de informações possível sobre a sua audiência, saiba o que ela espera da sua apresentação, foque seu conteúdo neste ponto e desenvolva a partir daí.

Atenção a este erro: expressão corporal inadequada. O palestrante com postura fria e distante, voz monótona, mãos na cintura, braços cruzados e sem manter contato visual distancia os participantes e dificulta o processo de aprendizagem. O uso excessivo de vícios de linguagem (ah, é, né, hum) deve ser evitado. Uma estratégia é utilizar pausas com silêncio de alguns segundos. A solução para não correr o risco de cometer esse erro é treinar, treinar e treinar.

A preparação inadequada, seja por preguiça, seja por falta de tempo, coloca em risco a sua imagem profissional. Fique atento. A falta de sequência didática, deixar que a audiência perceba que você não está à vontade, vídeos que não funcionam, falar muito rápido por falta de tempo, tudo isso não se resolve com pedidos de desculpas e muito menos com justificativas. É fundamental preparar a sua comunicação considerando o público, a mensagem, o objetivo e todos os aspectos mencionados nesta obra.

O quinto erro mais comum é a falta de interatividade. Não raramente, palestrantes se comunicam por meio slides, e não com a audiência. Um erro muito comum é LER os slides, direcionando o olhar para eles. Desse jeito, a maior parte do público vai lendo os itens do slide sozinha e não sincronizada com o palestrante. A situação piora quando o laser é mal utilizado e fica movendo-se em zigue-zague, distraindo os participantes. Utilize os slides como apoio para a sua mensagem, e não como a própria mensagem.

O profissional que segue todos os passos que mencionei, mas que não costuma avaliar a reação da audiência, perde a oportunidade de aprimorar a comunicação e, consequentemente, aumentar os seus resultados. A seguir, explico como fazer isso.

COMO AVALIAR A REAÇÃO DA AUDIÊNCIA

Avaliar a reação da sua audiência demonstra, sobretudo, a sua preocupação e o cuidado com a opinião de quem mais importa: o seu público. É ele que, se satisfeito com a sua apresentação, aula ou palestra, pode indicar o seu nome para outras pessoas e oportunidades. Além disso, tendo conhecimento sobre a reação da audiência à sua comunicação, você tem a oportunidade de aprimorar o seu conteúdo e a forma de expô-lo das próximas vezes.

Assim como as melhores empresas costumam avaliar a opinião dos seus clientes e consumidores, os melhores palestrantes podem e

HOJE, O ORADOR PRECISA CONHECER E TREINAR A ESTRUTURA DE *PITCH* E SER CAPAZ DE SE COMUNICAR DE MANEIRA CONCISA E PERSUASIVA.

devem usar ferramentas para esse fim. O Net Promoter Score[64] – um dos mais importantes indicadores-chave de desempenho (KPI) – é uma delas. Por meio de ferramentas de pesquisa e classificação, o indicador analisa o nível de satisfação da audiência.

Com esse questionário, é possível coletar uma série de informações relevantes sobre a opinião do consumidor a respeito de seus produtos e serviços e, no seu caso, da sua palestra. Ao responder às questões, a pessoa expressa a visão dela, permitindo uma comparação entre a perspectiva interna (do apresentador) e a imagem externa dele. Dessa maneira, você pode manter o que está dando certo e melhorar os pontos críticos apontados pela pesquisa.

O método consiste na aplicação de um breve questionário, com apenas duas perguntas, que deve ser respondido pelo cliente do modo mais sincero possível. As perguntas são as seguintes:

1. Em uma escala de 0 a 10, o quanto você indicaria nosso serviço para um amigo?

2. Poderia descrever o motivo para sua nota?

A primeira questão gera uma avaliação quantitativa, revelando o quão satisfeito (ou insatisfeito) o cliente está. Partindo dessa pontuação, os consumidores são classificados em três diferentes níveis:

- Promotores: atribuem nota 9 ou 10, revelando altas chances de recomendar sua empresa.
- Neutros: dão nota 7 ou 8. Sua relação com a companhia é regular, mas existem pontos a melhorar.
- Detratores: nota de 0 a 6. Estão descontentes com seu produto, serviço ou atendimento, o que pode levá-los a fazer uma propaganda negativa.

---

64 O cálculo é simples e consiste em subtrair a porcentagem de clientes detratores da porcentagem de clientes promotores. NET Promoter Score (NPS): o que é, como aplicar e estudos de caso. *FIA Business School*, 12 jun. 2020. Disponível em: https://fia.com.br/blog/net-promoter-score-nps/#:~:text=Net%20Promoter%20Score%20%C3%A9%20uma,dos%20clientes%20de%20uma%20empresa. Acesso em: 24 fev. 2023.

Já a segunda questão é mais aberta e qualitativa, tendo como objetivo obter insights sobre estratégias que estão dando certo e sobre aquelas que precisam de correção.

As principais ferramentas que podem ser utilizadas para a realização do questionário são: Google Forms (ótima para criar e analisar pesquisas de modo gratuito e simples); Track (apresenta dezenas de relatórios e uma experiência personalizada); SurveyMonkey (focada em questionários estruturados, oferece modelos de pesquisa para clientes, funcionários e outras audiências específicas, incluindo questões escritas por especialistas); QuickTapSurvey (tem como diferencial o fato de funcionar off-line, salvando dados em diferentes dispositivos).

Outro meio de fazer essa avaliação do seu público em relação à sua apresentação são as perguntas abertas. Esse tipo de questionário não pede respostas do tipo "sim" ou "não", em vez disso, abre para a pessoa a oportunidade de falar o que quiser. Nelas poderá ser utilizada linguagem própria do respondente. A vantagem é a de não haver influência das respostas preestabelecidas pelo pesquisador, pois o informante escreverá aquilo que lhe vier à mente.

Por último, um bom palestrante ou um bom líder em uma reunião tem uma ferramenta bem simples para medir o grau de interesse do público: se as pessoas estão olhando para o celular. Se estão manuseando o telefone, o problema é seu, que não está conseguindo provocar o interesse delas.

Assim como acredito que o palestrante perde oportunidades valiosas ao não avaliar a reação da audiência, tenho certeza de que ele também deixa escapar ótimas chances de criar e de continuar o vínculo com o público ao não se preocupar com ações pós-apresentação. É sobre isso que vou falar agora.

COMO FOMENTAR O ENGAJAMENTO E AS AÇÕES PÓS-APRESENTAÇÃO

Principalmente quando você dá uma palestra ou workshop, as ações de engajamento pós-apresentação são fundamentais para prolongar o alcance do seu conteúdo e do seu *rapport*.

Você já ouviu falar sobre a jornada de ativação? É uma técnica na qual, antes de um evento ou apresentação, você "esquenta o público" na mesma lógica de "aquecer" um *lead* (oportunidade de negócio). A ideia é que as pessoas já venham para a atividade com clareza de como aquele conteúdo e experiência podem mudar a vida delas. Para isso, você pode enviar um questionário para conhecer mais o seu público e as expectativas dele em relação à sua palestra ou aula. Ou ainda algum material para despertar o interesse das pessoas pelo que está por vir.

Após o encontro, envie algum conteúdo que, por falta de tempo na ocasião ou por estratégia, não foi compartilhado na sua totalidade. Isso faz com que o público continue conectado a você por mais tempo e passa a mensagem de que você se importa com ele.

Hoje, uma ação que está trazendo bons resultados é criar uma comunidade, em plataformas específicas, com os participantes, que terão acesso exclusivo a um conteúdo dirigido ao seu tema de interesse. É importante alimentar esse canal com conteúdo, de maneira frequente.

Você pode ainda enviar um e-book da sua autoria ou de outro autor cuja leitura você recomenda. Ou também indicar livros, artigos e vídeos. Busque estar sempre por dentro do tema que você abordou na sua apresentação ou que queira abordar futuramente. Além disso, o conteúdo deve ser do interesse do seu público, ou seja, deve ser útil para ele.

Se você realizou algum teste na sua apresentação, compartilhe os resultados com as pessoas que estiveram no seu evento.

Caminhamos bastante até aqui, não? Tenho certeza de que as técnicas apresentadas impulsionarão a sua comunicação. A insegurança em mediar apresentações é algo que faz parte do seu passado. Você já tem as principais ferramentas para ser um exímio comunicador; ferramentas que tive o prazer de compartilhar com você.

Adiantando o próximo assunto deste livro, ouso dizer que você já é um comunicador de sucesso. E o primeiro passo para isso você já deu: leu este livro até aqui e percebeu que didática e carisma, além de outras habilidades para uma boa comunicação, não são dons irreversíveis. São habilidades treináveis e possíveis de serem suas.

13.

Você já é um comunicador de sucesso

Você chegou até aqui, parabéns! Identificou todos os motivos pelos quais a sua comunicação não tem levado você para onde sempre quis e merece chegar. Mesmo que ainda não acredite, você é capaz de ser um comunicador de sucesso e colher todos os benefícios envolvidos nessa conquista. Segurança na hora de se apresentar, seja em pequenos grupos, seja para grandes audiências; imagem positiva perante colegas, superiores e clientes; maior reconhecimento profissional e, consequentemente, maiores ganhos financeiros. Essa é apenas uma amostra da mudança de vida que você terá após aplicar este método. Prepare-se para ampliar o alcance da sua capacidade técnica para além de limites que você nem imagina.

Os resultados que a nossa metodologia gerou (e continua gerando) são o respaldo de que você precisa para seguir em frente com mais segurança na sua capacitação profissional. Com base nos princípios da neurociência, já capacitamos mais de 5 mil comunicadores de impacto, realizamos mais de 300 projetos envolvendo em torno de 40 empresas, incluindo 10 das 15 maiores empresas de pesquisa e desenvolvimento de novas tecnologias na área da saúde.

Afirmo sem reservas que só tive coragem de deixar uma carreira sólida como neurologista renomado porque percebi que a metodologia que desenvolvi me permitiria mudar a vida de um número muito maior de pessoas se comparado às que eu atendia em consultório.

Nossas metodologias primeiramente foram testadas em empresas multinacionais para treinar speakers e também na capacitação de times internos que trabalham apenas com comunicação científica como ferramenta de desenvolvimento de mercado (no agronegócio são chamados por vezes de DTM – Desenvolvedor Técnico de Mercado). Esse tipo de profissional costuma ter acesso aos melhores treinamentos do mundo. No começo, confesso que até me senti intimidado vendo consultorias da Europa que me faziam pensar: *Será que um dia terei o tamanho delas?*

Tive de aprender tudo sobre treinamento aos 36 anos, porque até então eu pertencia ao mundo da medicina. Não foi fácil, mas, em plena pandemia, implementamos um projeto on-line em uma empresa da Argentina voltada para a área médica. O projeto foi reconhecido pelos médicos participantes como algo absolutamente inovador e, pelos gestores da própria empresa, como um dos melhores projetos globais. Veja um dos feedbacks: "Não dá mais para ficar naqueles formatos de eventos expositivos. Esse método fez toda a diferença no aprendizado profundo e ninguém vê o tempo passar". Esse reconhecimento do mercado é fundamental diante de tantos modismos que vemos por aí. Afinal, só permanece quem é consistente.

Do ponto de vista acadêmico, o método ganhou força quando fomos para a Holanda. Em parceria com a Rotterdam School of Management – RSM, fizemos um experimento científico usando todo o rigor necessário, comparando nossa metodologia pioneira, o Synapse Based Learning (SBL), com aula expositiva e grupo controle. Os participantes foram distribuídos de maneira aleatória. Um expert convidado analisou a performance dos envolvidos, e não tinha nenhuma informação sobre a que grupo pertencia aquele sujeito (estudo cego). Esse estudo foi apresentado no Vale do Silício em um evento com os maiores especialistas do mundo em aprendizagem profunda. Foi um momento marcante para mim, não só profissionalmente mas também como parte da minha missão de vida.

Nos últimos anos, começamos a atender e a ganhar cada vez mais espaço com órgãos públicos (Emater Rondônia e Rio Grande do Sul) e com instituições do Sistema S, terceiro setor, mais especificamente o Serviço Nacional de Aprendizagem Rural (Senar). A partir de então, estendemos as fronteiras para o agronegócio e há sete anos nos tornamos parceiros na educação de Sustentabilidade de uma grande empresa multinacional do agronegócio com sede na Suíça. Desde então, temos feito vários projetos em parceria, principalmente, com o Sistema Faeb/Senar (Federação da Agricultura e Pecuária do Estado da Bahia), no qual impactamos em torno de 22 mil pessoas do campo que são responsáveis pela geração de alimento para milhões de outras.

Também passamos a ter atuação em um nicho completamente novo no mundo dos grandes influenciadores digitais. Fomos chamados para colaborar em um projeto belíssimo encabeçado pelo Flávio Augusto da Silva. Ele é considerado um dos maiores empresários brasileiros e chegou a ser proprietário do Orlando City, nos Estados Unidos. É um superespecialista em educação, e se tornou bilionário muito cedo, quando percebeu que curso/conteúdo que transforma tem sucesso comercial garantido. Aprendi muito com ele em uma discussão longa sobre o que seria o *machine learning* no cérebro de quem tem muitos milhões de inscritos no YouTube. Foi realmente algo vibrante nesse novo mercado.

Em 2023, a metodologia chegou à Amazônia e servirá como modelo para educar cafeicultores indígenas. Há alguns anos, a metodologia tem sido a base de um projeto na cafeicultura brasileira que envolve praticamente toda a cadeia produtiva. Faltava, porém, uma fronteira, o café amazônico. Foi emocionante treinar um time de engenheiros agrônomos de Rondônia, que simplesmente foram capazes de criar uma Denominação de Origem – DOC, para o café do estado.

MESMO QUE AINDA NÃO ACREDITE, VOCÊ É CAPAZ DE SER UM COMUNICADOR DE SUCESSO E COLHER TODOS OS BENEFÍCIOS ENVOLVIDOS NESSA CONQUISTA.

Em paralelo, aprofundamos a metodologia dentro do ecossistema de cuidado ao câncer de mama no Brasil. Os oncologistas cada vez mais consideram a nossa metodologia o "padrão ouro" para mini-meetings (encontros de pequenos grupos liderados por um speaker). Por fim, moderamos um fórum em que estavam presentes, entre outras instituições, o Ministério da Saúde, a ANS (Agência Nacional de Saúde) e a Sociedade Brasileira de Infectologia (SBI). Foi um momento mágico ver a metodologia que criamos sendo capaz de fazer com que pessoas inteligentes e com mente aberta pensassem de modo coletivo.

Entretanto, nesse contexto de conquistas, o que mais me encanta e me realiza são os relatos de transformação das pessoas. Vou compartilhar alguns exemplos que me marcaram muito.

GANHANDO CONFIANÇA E, CONSEQUENTEMENTE, O PÚBLICO

Apresento essas histórias de pessoas que conseguiram mudar suas realidades por meio da nossa metodologia de comunicação, a fim de motivar você. Tenho certeza de que você vai notar que muitas dores dessas pessoas são ou já foram suas. Concentre-se no que elas fizeram para virar o jogo.

Antônio, médico cardiologista, por volta dos 50 anos, foi demitido do corpo docente de uma faculdade de medicina que decidiu mudar o currículo do tradicional para o PBL. É claro que ele ficou chateado, mas já tinha um nome bem estabelecido, participava como palestrante em congressos e como speaker. Tocou a vida até que veio a pandemia. No começo era tudo novidade com as apresentações acontecendo on-line, mas, com o tempo, o modelo de "live" enfraqueceu. Mesmo reuniões menores por aplicativos de reuniões deixaram de ser interessantes. Na prática, ninguém queria mais abrir a câmera.

Em razão dessa "dor", ele começou a estudar e a aplicar a nossa metodologia. Foi difícil deixar de ler slides, ter mais fluidez na fala e adotar o storytelling. Mais difícil ainda foi promover interação. Ele chamava as pessoas da audiência pelo nome, mas obtinha pouquíssimo *rapport*.

Entretanto, era aplicado e já vinha calejado por não dominar metodologias ativas, principal motivo da sua demissão.

O resultado apareceu entre o terceiro e o quinto evento. Antônio encontrou na própria personalidade um jeito de envolver a plateia. Reduziu o número de slides e, com as técnicas de moderação, conseguiu promover a troca de vivências. A empresa organizadora fez um reconhecimento formal da sua melhora de performance, visto que organizadores locais passaram a reportar que as pessoas estavam adorando a aula dele. Então, constataram: "Realmente esta metodologia da Synapse funciona".

Outro case é o da Sophia, uma dentista diferenciada e reconhecida no mercado. Antes de entrar em contato com o método, ela vivia alguns incômodos em relação a como conduzir uma atividade científica. Apesar de todo o conhecimento técnico, tinha dificuldade de controlar a postura e se posicionar no palco. Outro problema era que constantemente estourava o tempo. Começava a falar e a contar sobre si própria, centrada nela mesma, e não no público. Contava sobre os casos clínicos, as vivências dela e ia para o "céu", afastando-se das pessoas à sua frente.

Por isso mesmo, sua grande dificuldade era fazer as pessoas interagirem. Quando partia para as perguntas e respostas, poucos participavam. Então começou a se aprofundar na metodologia e a transformação dela foi incrível, tudo em apenas dois meses. De início, ela conseguiu controlar o tempo que tinha para falar. Passou a entender que, seguindo um roteiro e entregando conteúdo no tempo certo, os resultados apareciam.

A segunda mudança foi que ela passou a ser mais centrada, a olhar para a plateia, e não para si mesma. Primeiro, fez o autoteste e depois a mentoria de pares com os próprios colegas. Passou a entender a parte estratégica da comunicação e, por isso, antes da preparação, sabia escolher o formato certo. Foi aplicando, estudando, diminuindo esse autocentramento, melhorou a identidade visual, passou a usar dados com mais frequência e a seguir todos os passos apresentados neste livro.

O mais importante desse case, no entanto, foi a humildade. Sophia, teoricamente, não precisava de tudo isso. Já era palestrante e profissional reconhecida. Contudo, percebendo que estava difícil manter a atenção das pessoas nas suas palestras e aulas, buscou ajuda e se aprimorou.

Outro case que quero compartilhar é o do Roberto. Ele também é dentista, mas, diferentemente da Sophia, já estava em um estágio mais avançado como comunicador. Tinha muita didática, era carismático, um grande comunicador. Apesar de ter 35 anos, já era uma estrela. Roberto hoje é um dos maiores nomes do Brasil na sua área, a odontologia. Contudo, como todo expert inquieto que gosta de melhorar, acabou abraçando nossas metodologias Synapse para chegar ao que ele chama de estado da arte.

A primeira coisa que desenvolveu foi a arte do roteiro. Ele roteiriza muito bem, sabe que uma boa apresentação tem um tônus ora emocional, ora mais *flat*, mesclando momentos de emoção, de concentração e descontração. Entretanto, ele ainda precisava de uma habilidade importante, a interpretação artística. Poderia ter mais expressão facial e articular melhor as palavras. Começou a estudar as metodologias da Synapse e a colocar em prática os ensinamentos nos seus eventos.

Roberto já tinha uma autoestima bem construída, mas precisava desse refinamento. Então o método o ajudou a performar no palco utilizando a voz com pleno controle de si próprio. Ele atingiu a metacognição. Uma coisa que ele absorveu, daquelas que se aprende errando, foi que, por não ter seguido o roteiro em um evento, acabou liberando a turma quinze minutos antes de o *coffee break* chegar. As pessoas saíram para o *coffee* e não tinha *coffee*.

O mais interessante, porém, é que em determinado momento ele sentiu que algumas pessoas do fundo da sala não estavam conectadas. Então, ele usou o método, pegou o "carômetro", pediu para o organizador dar o nome de algumas pessoas e seguiu adiante. Circulou, questionou se alguém tinha alguma pergunta e ninguém tinha. Ele se direcionou para uma pessoa e disse o seguinte: "Já que ninguém tem perguntas, vou perguntar para a Dra. Paula o que achou do estudo de que falamos". Assim, ela falou.

Com o público mais solto, ele foi andando entre as fileiras e foi para o meio da audiência. E, de mesa em mesa, as perguntas foram fluindo. Usou, na íntegra, o que você teve em mãos ao longo de todo este livro e ganhou o público. Na sequência, quando voltou para a segunda parte expositiva, ele estava "voando" no palco, com a voz mais articulada, expressão facial correta, uma interpretação mais emocional. Ele considera que nesse evento atingiu o estado da arte. Ou seja, intercalou elementos expositivos com interativos diante de uma grande audiência.

Com esses cases e depoimentos, você deve ter percebido que a nossa metodologia torna o sonho de se comunicar bem possível para todo mundo. Os benefícios são claros. À medida que vai ganhando confiança e segurança na hora de se comunicar, seja em pequenos grupos, seja com grandes audiências, você deixa para trás aquela sensação de subvalorização e ansiedade, ganha reconhecimento, aproveita as oportunidades de novos projetos, torna-se um professor ou palestrante diferenciado e alcança tantas outras conquistas envolvidas no processo. O céu é o limite para você! Então se permita voar!

14.

A prática leva à perfeição

Neste momento, posso sentir a sua sensação de alívio ao saber que você já é um comunicador de sucesso. Afinal, todas as ferramentas para desenvolver a sua comunicação no mais alto nível e moldá-la aos mais diferentes públicos já estão nas suas mãos.

Quando deixei a medicina, pessoas que eu atendia me falavam: "Nossa, doutor, e agora? Não vou ter mais médico?". Isso me doeu muito, não poder mais atender esses pacientes. Contudo, acabei descobrindo que, por meio da educação, eu conseguiria ajudar muito mais gente, pessoas como você, que também está em busca de transformar a vida de tantas outras, formando um verdadeiro movimento. O meu compromisso com este livro é que você mude o que for preciso para ter o reconhecimento que tanto almeja, essa é a minha missão de vida. Se eu souber que você virou essa página, agiu imediatamente e que isso gerou transformação na sua vida pessoal e profissional, considero que cumpri com a minha parte. Aliás, me procure nas redes sociais e me conter como está sendo o seu desenvolvimento, e, se puder visite o meu site: www.professorariovaldo.com.br.

Saiba que este livro corresponde ao volume 1 da trilogia. No volume 2, trataremos da Comunicação Centrada na Pessoa (CCP) inspirada no comportamento dos médicos que "olham nos olhos". Já o volume 3 vai abordar a Comunicação Digital, na prática, e dar dicas de como utilizar diferentes tecnologias, incluindo as redes sociais, para comunicação em escala.

Caso você tenha interesse em se desenvolver mais como comunicador, além da leitura deste livro, pode consumir muito conteúdo qualificado nas nossas redes sociais (canal do YouTube, LinkedIn e Instagram).

E se quiser se aprofundar ainda mais, recomendo que conheça a nossa plataforma de ensino chamada Synapse Academy (www.synapseacademy.com.br), desenvolvida desde o protótipo até o código final por um time interno de inovação e tecnologia. Nela, você se inscreve e, ao entrar na plataforma, segue uma jornada coerente com o seu nível de comunicação, vai desbloqueando as fases conforme completa o curso e faz os exercícios. Dentro da Academy, você terá como guia um currículo centrado no aluno que vai listar os CHA (conhecimentos, habilidades e atitudes) que precisa adquirir, as estratégias educacionais para conseguir atingir isso, e quais indicadores serão necessários.

FIGURA 8: JORNADA SYNAPSE ACADEMY

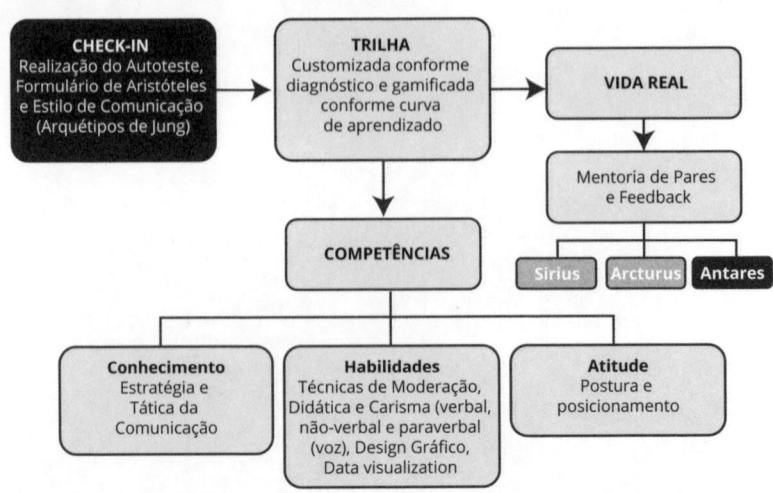

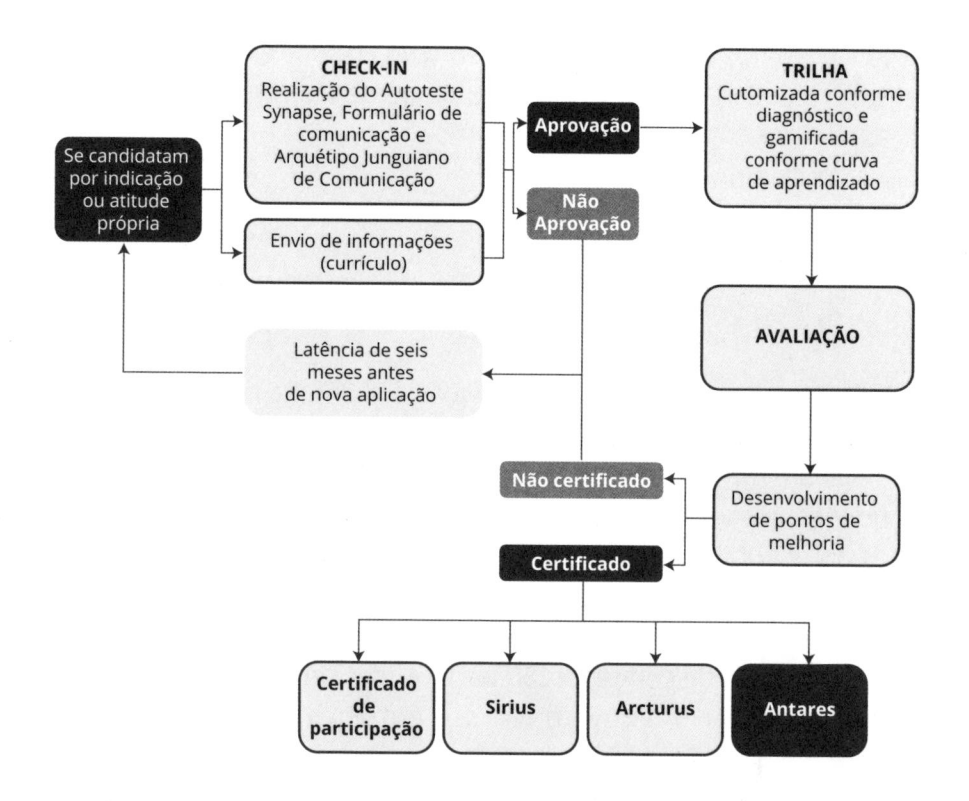

Os indicadores estão no Autoteste e no formulário baseado em Aristóteles, a que você teve acesso no capítulo 6 deste livro. Você pode pedir a qualquer pessoa que veja uma apresentação sua para lhe dar um feedback. Isso vai ajudar você a se desenvolver mais. Dentro da Academy, caso tenha interesse em obter um dos nossos selos (Sirius, Arcturus ou Antares), pode prover esses feedbacks para avaliação. Esse último selo – Antares – dá direito a uma mentoria exclusiva e personalizada, individual ou em grupo realizada por mim. O que você vai conseguir entrando na Academy é o desenvolvimento das habilidades comportamentais essenciais para ser um comunicador eficaz.

Na Plataforma é possível a obtenção de determinados títulos no formato de selos (NFT) conforme o nível de performance a seguir, citado anteriormente na página 72. Como funciona na prática? Peça às pessoas que participaram da atividade para preencher o Formulário de Aristóteles (página 79) sobre como foi seu desempenho. Digitalize os formulários e envie o arquivo na própria plataforma. É necessário a identificação nos formulários, pois serão analisados em termos de nível de evidência. O resultado pode ser uma dessas quatro possibilidades:

1. Comunicador Básico;
2. Comunicador Sirius;
3. Comunicador Arcturus;
4. Comunicador Antares.

E agora convido você a refletir sobre o que falta para entrar nessa nova experiência. Quero que este livro seja o seu guia de ação, por isso, leia-o novamente se precisar, mas aproveite-o como um propulsor para a mudança que você deseja para a sua vida. Coloque em prática os conceitos apresentados aqui e, se surgir alguma dúvida, entre em contato conosco. Será um prazer ajudar você ainda mais nesse processo.

Porque, sim, é um processo. Você está aqui e decidiu aprimorar suas habilidades de comunicação para vencer seus medos e bloqueios e para conquistar um novo nível. Isso é motivo para celebrar, não é mesmo? Então, celebre! E muito!

Por que eu estou aqui regozijando com a sua vitória? Porque o seu sucesso é também o meu enquanto comunicador. Eu me sinto muito realizado com a oportunidade de estar diante de você, leitor, e contribuir para o seu sucesso. Continue contando comigo!

Bem, agora, você está pronto para desenvolver a sua capacidade de ensinar e influenciar pessoas por meio de uma comunicação eficiente. E, mais do que isso, está pronto para receber todas as vantagens dessa nova realidade. Bem-vindo à sua nova vida. Use e abuse deste livro e deste valioso checklist!

Checklist do comunicador

PRÉ-EVENTO

- Estabeleça agenda
- 1 mensagem por slide
- 1 mensagem por frase
- Limpe os slides
- Cuide da identidade visual da sua apresentação
- Procure saber sobre a infraestrutura
- Teste sua apresentação nos dispositivos
- Não use slides com letras pequenas
- Procure saber o que a audiência sabe e espera

POSTURA DURANTE A APRESENTAÇÃO

- Mãos acima da cintura
- Gestos acompanhando a fala
- Evite gestos repetitivos

- Não tenha nas mãos objetos fora de contexto
- Cuidado com as mãos presas
- Altere a posição em que você segura os braços
- Postura ereta
- Pés paralelos
- Pernas nem muito abertas nem muito fechadas
- Caminhe no palco por turnos (não caminhe o tempo todo, nem sem objetivo)
- Ombros retos
- Braços relaxados
- Rosto descontraído
- Expressão convidativa, com um leve sorriso e congruente com a sua mensagem
- Faça contato visual por 4 segundos
- Chame as pessoas pelo nome
- Deixe as pessoas perguntarem
- Evite iniciar frases com "eu"
- Não comece pedindo desculpas

COMUNICAÇÃO DURANTE A APRESENTAÇÃO

- Fale para fora, um pouco mais alto que o de costume
- Varie a velocidade, intensidade, expressividade, tom e ritmo da fala (prosódia)
- Mostre domínio emocional através da voz
- Boa dicção
- Use a pausa (1 a 3 segundos no final do pensamento)
- Cuidado com a voz que causa sono
- Use a respiração
- Fala consciente, sucinta, específica, generosa, rápida e assertiva
- Falar muito rápido incomoda
- Não demore demais em um slide
- Use a fala para lhe dar credibilidade (espontaneidade e paixão)
- Cuidado com a incoerência entre a comunicação implícita e a explícita
- Evite palavras vulgares, excesso de gírias e vocabulário muito rebuscado
- Use metáforas

- Chame pelo nome
- Não demonstre instabilidade
- Saiba o que vai dizer no início
- Não se desespere com lapsos de memória
- Vença a inibição, fale, persista e ouça
- Na escassez de tempo, foque o que é útil para a audiência

O QUE VOCÊ DEVE TRANSMITIR

- Mostre para a plateia que, ao ouvi-lo, ela terá alguma vantagem
- Ao estabelecer vantagem, mostre o benefício do conteúdo
- Ligue sua aula com o cotidiano
- Coloque sempre uma expectativa
- Feche sua aula com um objetivo
- Mostre que você tem interesse na sua plateia

Este livro foi impresso
pela Assahi em papel
lux cream 70 g/m² em
abril de 2024.